Méthode de français

Belleville 1

Flore Cuny
Anne-Marie Johnson

CLE INTERNATIONAL

www.cle-inter.com

Crédits photographiques

Couverture : mg : Richard Kalvar/Magnum Photos ; md : Dazay/Sipa Press ; bg : Michel Renaudeau/Hoa-Qui ; bd : Philippe Roy/Hoa-Qui.

p. 13 hg : Stone-Getty Images ; hd : Ludovic-REA ; bg : G. Rolle-REA ; bd : LWA/S. Welstead-Corbis ; p. 17 hg : J. Fuste Raga-Corbis ; hm : Th Foto-BSIP ; hg : Stone-Getty Images ; bg : F. Maigrot-REA ; bd : C. Karnow-Corbis ; p. 19 : Denis-REA ; p. 33 bg : D. Daoust-REA ; bm : mgm ; p. 34 : 6 ph. Archives Larbor ; p. 35 hg : The Image Bank-Getty Images ; hmg : R.Gage/Taxi-Getty Images ; hmd : VCL/Taxi-Getty Images ; hd : G. et M. David de Lossy/ The Image Bank-Getty Images ; mhg : Ludovic-REA ; mhm : Stone-Getty Images ; mhd : Archives Larbor ; mmg : F. Maigrot-REA ; mmm : Taxi-Getty Images ; mmd : Archives Larbor ; bg : ADP-Archives Larbor ; bm : V. Macon-REA ; bd : D.R. ; p. 49 : inter IKEA Systems BV 2004 ; p. 51 hg : B. Erlansson/The Image Bank-Getty Images ; hm : D. Joubert-REA ; hd : F. Herholdt/Stone-Getty Images ; p. 57 : D. Oliver/Taxi-Getty Images ; p. 73 : J.L. Morales/ The Image Bank-Getty Images ; p. 88 : 4 ph. Archives Larbor ; bd : Brigitte Merle/PHOTONONSTOP ; p. 89 : Les Armateurs/Production Champion/Vigi Film/France 3 Cinéma/RGP France/Sylvain Chomet ; p. 95 : Denis-REA ; p.108 : 2 ph. Archives Larbor ; p. 111 g : Meigneux-Sipa Press ; m : S. Cardinale/Sygma-Corbis ; hd : Millereau/DPPI-Sipa Press ; bd : D. Despotovic/Sygma-Corbis ; p. 124 : Archives Larbor ; p. 125 h : J.P. Vieil-Archives Larbor ; m : M. Fourmy-REA ; b : M. Riedl/Taxi-Getty Images ; p. 126 hd : Illustr. El Globos-Les Vieilles Charrues 2003 ; g : Y. Archambault-FrancoFolies de Montréal ; m : Festival de Cannes ; md : G. Martin-Raget/affiche Havas Sports

Direction éditoriale : Michèle Grandmangin.

Édition : Marie-Bénédicte Majoral.

Conception graphique, couverture et mise en pages : Anne-Danielle Naname.

Photogravure : Tin Cuadra.

Illustrations : Benoît du Peloux, Claude-Henri Saunier.

Cartographie : Graffito.

Recherche iconographique : Anne Mensior.

Avant-propos

Son public

Belleville 1 s'adresse à des lycéens en première année d'apprentissage (voir *Belleville 2*). La méthode, spécialement conçue pour ce public, s'adapte tout particulièrement au **milieu scolaire** (lycée) et elle convient aussi aux écoles de langues accueillant des jeunes adolescents débutants et faux débutants.

Son originalité

Belleville 1 permet d'acquérir rapidement **une compétence de communication** dans les situations de la vie courante.

Un lieu, des personnages, des histoires :

Dans *Belleville 1*, on raconte des histoires... Les trois histoires (une par module) se déroulent dans la rue de Belleville à Paris. Pourquoi Belleville ? Parce que Belleville est un quartier cosmopolite et vivant.
Les personnages de *Belleville* sont, pour la plupart, de jeunes lycéens. Mais on découvre aussi d'autres personnages, d'âge et de condition sociale différents. Celui de Sidonie Triplette par exemple, aventurière et grande voyageuse, montre qu'il n'y a pas d'âge pour inventer sa propre vie.

Des thèmes particulièrement adaptés au public visé : Le milieu associatif, la radio, l'art...

Simplicité d'utilisation : Grâce au découpage des leçons en double page et à l'organisation linéaire et progressive à l'intérieur des doubles pages, le manuel est très simple à utiliser.

Activités courtes privilégiant la variété : Chaque activité comporte un nombre restreint d'items. Cela permet ainsi de changer fréquemment d'activité et de les varier.

Ses caractéristiques

Belleville 1 suit les propositions du **Conseil de l'Europe** pour l'enseignement et l'apprentissage des langues vivantes et permet aux apprenant(e)s d'atteindre le niveau **A1** du **Cadre européen commun de référence** (Strasbourg, 1998). Parallèlement, la méthode prépare les élèves aux épreuves **A1 du DELF**.
Belleville 1 couvre **90 heures** d'enseignement réparties en **3 modules de 30 heures** comprenant chacun **6 leçons.**

Organisation d'un module :

Contrat d'apprentissage : Le module s'ouvre sur une page de présentation où figurent les objectifs d'enseignement visant à impliquer l'apprenant(e) dans son apprentissage.
• Six leçons dans chaque module.
Toutes les trois leçons, c'est-à-dire au milieu et à la fin de chaque module :
– Une double page **DELF/Cadre européen commun de référence** destinée à vérifier le niveau de compétence atteint (quatre pages par module).
– Une double page **Civilisation** pour introduire des éléments socioculturels sur la France et les Français (quatre pages par module).
• Toutes les six leçons, c'est-à-dire à la fin de chaque module :
– Une double page **Synthèse** qui reprend les points de grammaire étudiés dans les leçons.
– Une double page **Évaluation** pour vérifier les connaissances des apprenant(e)s.
– Une page **Projet** pour que les apprenant(e)s agissent pour construire ensemble.

Organisation d'une leçon :

Une leçon est constituée de deux doubles pages. Chaque double page a sa propre unité grammaticale, phonétique, lexicale et communicative. Sur chaque double page, on retrouvera toujours **les objectifs communicatifs** de la leçon, suivis des cinq rubriques suivantes :
Découvrez : Phase d'observation, de questionnement et de mise en place d'hypothèses.
Pratiquez : Phase active où l'apprenant(e) va construire des hypothèses, comprendre le vocabulaire et le fonctionnement des structures grammaticales grâce à des tâches guidées, structurées, variées et courtes.
Grammaire : Exercices de réemploi des structures découvertes puis formalisées.
Prononcez : Entraînement à la phonétique, à l'intonation, à la phonie / graphie.
Communiquez est le point d'aboutissement. C'est l'utilisation des acquis de la leçon dans des situations de communication authentiques, à l'oral et à l'écrit, à deux ou à plusieurs.

À la fin de l'ouvrage :
• **Un portfolio**
• **les transcriptions.**

Matériel :
• Livre de l'élève • Cahier d'exercices + CD • Livre du professeur • Cassettes audio collectives ou CD audio •

MODE D'EMPLOI

Une radio rue de Belleville...

OUVERTURE DE MODULE

Les objectifs sont clairement énoncés en début de module. L'apprenant(e) est ainsi impliqué(e) dans son apprentissage.

UNE LEÇON = DEUX DOUBLES PAGES

Chaque double page a sa propre unité grammaticale, phonétique, lexicale et communicative.

DÉCOUVREZ
Phase d'observation, de questionnement et de mise en place d'hypothèses.

PRONONCEZ
Entraînement à la phonétique, à l'intonation et à la phonie / graphie.

GRAMMAIRE
Des explications courtes et simples suivies d'exemples.

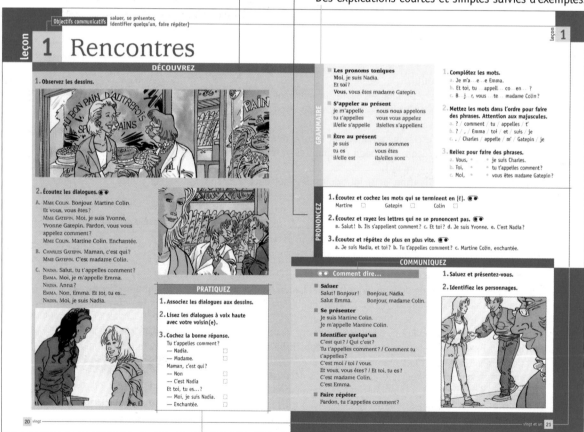

PRATIQUEZ
Phase active où l'apprenant(e) va vérifier ses hypothèses, comprendre le vocabulaire et le fonctionnement de la langue. Il/elle va pratiquer les éléments de la leçon grâce à des tableaux d'apprentissage et des activités guidées, structurées, variées et courtes.

COMMUNIQUEZ
Communiquez est le point d'aboutissement de la leçon. C'est l'utilisation des acquis.

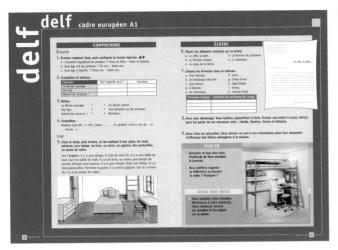

DELF/ CADRE EUROPÉEN DE RÉFÉRENCE

Pour vérifier le niveau des compétences
et pour préparer le DELF, unité A1.

CIVILISATION

Des documents pour découvrir et mieux comprendre
la culture française à travers des photos,
des illustrations, des cartes accompagnées d'activités.

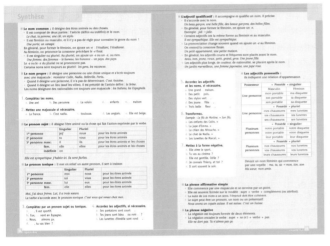

SYNTHÈSE

Reprise des éléments de grammaire, sous forme de
tableaux d'apprentissage et d'exercices.

PROJET

Pour mettre en commun,
pour agir, interagir et créer
ensemble.

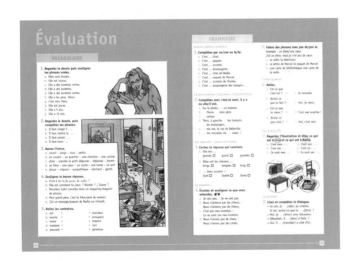

ÉVALUATION

Vérification des connaissances.

PORTFOLIO

Un dossier personnel pour
accompagner l'apprenant(e) tout
au long de son apprentissage.

Tableau des contenus

Leçons	Objectifs communicatifs Savoir-faire	Objectifs linguistiques Structures, grammaire, vocabulaire	Prononciation
Leçon 5/2 C'est bizarre **p. 42-43**	• Caractériser un objet simplement • Exprimer la satisfaction • Demander pourquoi et répondre	• *Pourquoi ? Parce que...* • Verbe *connaître* au présent • Le pronom *on* = nous • Accord des adjectifs en genre et en nombre	• Dictée • Discrimination des sons [o] et [ɔ̃]
Leçon 6/1 Allô, allô **p. 44-45**	• Parler avec quelqu'un au téléphone • Demander/donner ou pas son accord • Parler de ses activités quotidiennes	• *Est-ce que/qu'est-ce que* • Les verbes pronominaux au présent • Le verbe *prendre*	• Verbe *prendre* : syllabation • Les liaisons interdites
Leçon 6/2 C'est un secret **p. 46-47**	• Décrire le caractère d'une personne • Exprimer une appréciation • Parler d'un futur proche	• Le futur proche	• Les groupes rythmiques • Le rythme de la phrase
p. 48-49	**DELF cadre européen**		
p. 50-51	**Civilisation**		
p. 52-53	**Synthèse**		
p. 54-55	**Évaluation**		
p. 56	**Projet**		

module 2 — p. 57

Leçons	Objectifs communicatifs Savoir-faire	Objectifs linguistiques Structures, grammaire, vocabulaire	Prononciation
Leçon 7/1 Quel temps ! **p. 58-59**	• Parler du temps qu'il fait • Exprimer son mécontentement • Exprimer l'approximation • Parler d'un événement récent	• Le passé récent : *venir de* + infinitif • Le verbe *sortir* au présent • Les démonstratifs • La météo	• Intonation : le mécontente-ment
Leçon 7/2 J'ai trouvé un dossier ! **p. 60-61**	• Raconter au passé (1) • Se situer dans le temps (1)	• Le passé composé avec *avoir* • La négation du passé composé (1) : sujet + *ne (n')* + auxiliaire + *pas* • Quelques expressions pour se situer dans le temps • Le participe passé	• Discrimination des sons [y] et [u]
Leçon 8/1 Il reste un mois **p. 62-63**	• Raconter au passé (2) • Exprimer la durée (2) • Situer un point de départ dans le passé • Organiser son récit	• Le passé composé avec *être* • Interrogation au passé composé • Quelques mots utiles pour organiser son récit • Les verbes pronominaux	• Le son [ʀ] en début de mot
Leçon 8/2 Pourquoi pas? **p. 64-65**	• Suggérer quelque chose • Accepter/refuser une suggestion	• Les pronoms COD	• Discrimination [y] et [œ]
Leçon 9/1 Je me souviens... **p. 66-67**	• Dire ce qu'on sait faire • Dire ce qu'on connaît • Se souvenir	• *Connaître* et *savoir* : emplois • Le pronom relatif *où* • La négation du passé composé (2)	• Dictée
Leçon 9/2 J'ai reçu un truc **p. 68-69**	• Dire qu'on entend mal • Se situer dans le temps (2) • Chercher ses mots	• Les prépositions devant les noms de villes et de pays	• Intonation : au téléphone

Damien

Pierre Colin

Huan

Charles Gatepin

Doriane

Mme Nitouche

Marcel Catel

Bastien Ballèze

Antoine Colin

M. Soud

Martine Colin

Sidonie Triplette

Nadia Cheki

Mme Gatepin

Emma Colin

leçon

0 C'est français ?

1. **Observez. C'est en français ?**

2. **Écoutez. C'est en français ?**

a. b. c.   a. b. c.

3. Écoutez et faites correspondre les dialogues aux photos.

1

2

3

4

4. Écoutez les mots et comparez avec les langues que vous connaissez déjà.

a. le restaurant
b. le café
c. l'hôtel
d. la télévision
e. la danse

f. la musique
g. le rendez-vous
h. le métro
i. le bus
j. le passeport

k. le visa
l. le parc
m. Oh là là !
n. Bravo !
o. On y va !

p. Super !
q. Bien sûr !
r. Non !

ALPHABET PHONÉTIQUE

1. Écoutez et répétez. ◉◉

Voyelles		
[i] *il, vie, lyre*	[o] *mot, dôme, eau, gauche*	[œ] *peur, meuble*
[e] *blé, jouer, chez*		[ə] *le, premier*
[ɛ] *lait, jouet, merci*	[u] *genou, roue*	[ɛ̃] *matin, plein, main*
[a] *plat, patte*	[y] *rue, vêtu*	[ã] *sans, vent*
[ɑ] *pâte*	[ø] *peu, deux, chanteuse*	[ɔ̃] *bon, ombre*
[ɔ] *fort, donner*		[œ̃] *brun, humble*

Semi-consonnes		
[j] *yeux, paille, pied*	[w] *oui, nouer, jouer*	[ɥ] *huile, lui, sueur*

Consonnes		
[p] *père, soupe*	[ʃ] *chat, tache*	[ɲ] *agneau*
[t] *terre, vite*	[v] *vous, rêve*	*vigne*
[k] *cou, qui, sac képi*	[z] *zéro, maison, rose*	[ŋ] *camping* (mots empruntés à l'anglais)
[b] *bon, robe*	[ʒ] *je, gilet, bourgeon*	[h] *hop !* (exclamatif)
[d] *dans, aide*	[l] *lent, sol*	
[g] *gare, bague*	[ʀ] *rue, venir*	
[f] *feu, neuf, photo*	[m] *main, flamme*	
[s] *sale, celui, ça, dessous, tasse, nation, penser*	[n] *nous, tonne, animal*	

2. Écrivez les sons que vous connaissez déjà et prononcez-les.

3. Écrivez les sons nouveaux pour vous et prononcez-les.

4. Écoutez et lisez les phrases suivantes. Que remarquez-vous ? ◉◉
  a. Tu vas à Paris ?
  b. Oui, elle est là.
  c. Ils s'appellent Dornond.

LES ACCENTS, LE TRÉMA, LA CÉDILLE

1. Observez.

L'accent aigu : é
L'accent grave : è, à, ù
L'accent circonflexe : ê, â, û
Le tréma : ë, ï
La cédille : ç

2. Écrivez et prononcez.

l'été ...
très, là, où ...
être, théâtre, dû ...
Citroën, Anaïs ...
ça ...

LA PONCTUATION, LES MAJUSCULES, LES MINUSCULES

1. Observez.

Le point .	Oui. J'arrive.
Le point d'interrogation ?	On y va ?
Le point d'exclamation !	Oh là là ! Bravo !
La virgule ,	Alors, c'est toi, là ?

2. Terminez la phrase.

On utilise les majuscules ...

LES CHIFFRES

1. Écoutez et répétez.

0	1	2	3	4	5	6	7	8	9	10
zéro	un	deux	trois	quatre	cinq	six	sept	huit	neuf	dix

2. Répétez les chiffres à l'envers (de 10 à 0).

3. Écoutez et répétez.

11	12	13	14	15	16	17	18	19	20
onze	douze	treize	quatorze	quinze	seize	dix-sept	dix-huit	dix-neuf	vingt

4. Répétez les chiffres de plus en plus vite.

5. Écoutez et répétez.

21	30	31	40	50	60
vingt et un	trente	trente et un	quarante	cinquante	soixante

70 (60 + 10)	71 (60 + 11)
soixante-dix	soixante et onze

80 (4 x 20)	81	90 (80 + 10)
quatre-vingts	quatre-vingt-un	quatre-vingt-dix

99	100	1 000
quatre-vingt-dix-neuf	cent	mille

LES CONSIGNES DES ACTIVITÉS

Écoutez et répétez les consignes.
Écrivez chaque consigne dans votre langue.

Pictos	Consignes en français	Traductions
	Écoutez.	
	Répétez.	
	Observez.	
	Lisez.	
	Répondez.	
	Complétez.	
	Reliez.	
	Cochez.	
	Écrivez.	

LES PHRASES UTILES EN CLASSE

1. **Écoutez les phrases et notez l'ordre dans lequel vous les entendez.**

   a. Je ne comprends pas...
   b. Vous pouvez répéter ?
   c. Vous comprenez ?
   d. C'est facile.
   e. C'est difficile.
   f. C'est correct ?
   g. Vous pouvez épeler ?
   h. Comment on dit en français ?
   i. Encore une fois.

2. **Traduisez ces phrases dans votre langue.**

OÙ PARLE-T-ON FRANÇAIS ?
LA FRANCOPHONIE, QU'EST-CE QUE C'EST ?

1. Dans quels pays parle-t-on français ? Faites une liste.

2. Comparez avec votre voisin.
Quels pays avez-vous en commun ? Quels sont les autres pays ?

3. Observez la carte de la francophonie et comparez avec vos hypothèses.

4. Écoutez et associez une phrase à chacune des photos.

a. Les passagers pour le vol 564 à destination de Paris sont priés de se rendre porte 11.

b. Bonjour, docteur. Je pars en vacances au Sénégal, je dois me faire vacciner ?

c. Le Québec, c'est magnifique, surtout en automne !

d. Je rêve d'aller au Vietnam depuis toujours.

e. Tahiti ? C'est en Polynésie française.

5. Relisez les phrases et soulignez les noms de ville ou de pays.

6. Trouvez ces pays sur la carte de la francophonie.

CARTE DE LA FRANCOPHONIE

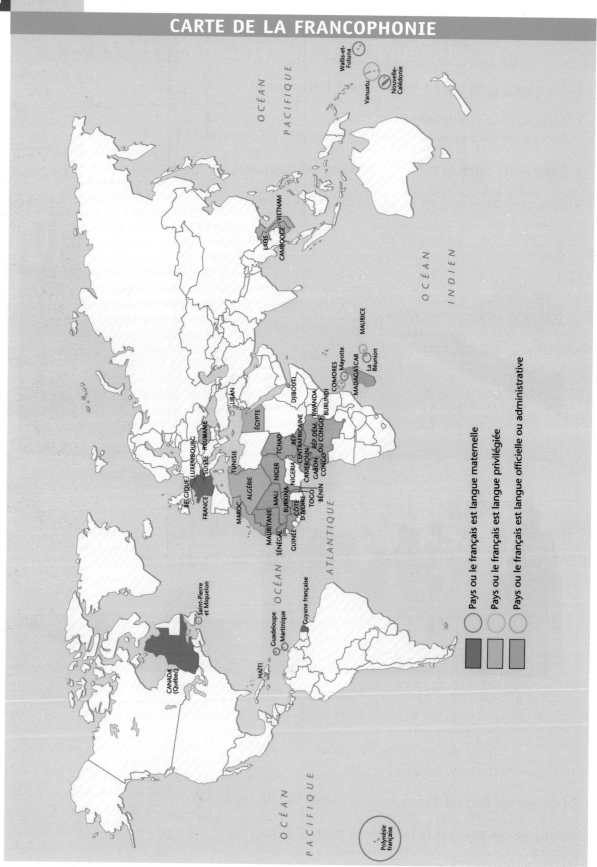

Pays ou le français est langue maternelle

Pays ou le français est langue privilégiée

Pays ou le français est langue officielle ou administrative

Une radio rue de Belleville…

VOICI VOTRE CONTRAT D'APPRENTISSAGE
dans ce module vous allez apprendre à :

objectifs communicatifs

- Poser des questions
- Parler de vos goûts, de vos sentiments
- Exprimer la surprise, la satisfaction
- Parler du présent et du futur
- Identifier quelqu'un, le décrire physiquement
- Décrire le caractère de quelqu'un
- Situer des personnes et des objets
- Parler de ce que vous faites :
  - Les activités quotidiennes
  - Les loisirs, les tâches ménagères

Savoir-faire

- Écouter des conversations simples
- Lire des messages écrits courts et simples (adresse, mail, programme)
- Parler de soi, des autres, ensemble
- Écrire des messages courts et simples

Structures et grammaire

- Les articles définis, indéfinis et contractés
- Les pronoms sujets et toniques
- L'interrogation
- Le genre des noms et des adjectifs
- Quelques verbes au présent
- Le pluriel
- La négation du nom et du verbe
- Les adjectifs possessifs
- Quelques prépositions de lieu et de temps
- *Il faut* + infinitif
- Le pronom *on*
- *C'est / Il y a*
- Le futur proche

Contenus socioculturels

- Tutoyer ou vouvoyer
- Les bruits et les signes de la rue
- Les prénoms français
- Quelques gestes

À la fin du module, faites le test dans le cahier d'exercices pour évaluer votre apprentissage.

leçon

1 Rencontres

DÉCOUVREZ

1. **Observez les dessins.**

2. **Écoutez les dialogues.** ◉◉

A. MME COLIN. Bonjour. Martine Colin.
Et vous, vous êtes?
MME GATEPIN. Moi, je suis Yvonne,
Yvonne Gatepin. Pardon, vous vous
appelez comment?
MME COLIN. Martine Colin. Enchantée.

B. CHARLES GATEPIN. Maman, c'est qui?
MME GATEPIN. C'est madame Colin.

C. NADIA. Salut, tu t'appelles comment?
EMMA. Moi, je m'appelle Emma.
NADIA. Anna?
EMMA. Non, Emma. Et toi, tu es…
NADIA. Moi, je suis Nadia.

PRATIQUEZ

1. **Associez les dialogues aux dessins.**

2. **Lisez les dialogues à voix haute avec votre voisin(e).**

3. **Cochez la bonne réponse.**

Tu t'appelles comment?
— Nadia. ☐
— Madame. ☐
Maman, c'est qui?
— Non ☐
— C'est Nadia ☐
Et toi, tu es…?
— Moi, je suis Nadia. ☐
— Enchantée. ☐

GRAMMAIRE

■ **Les pronoms toniques**

Moi, je suis Nadia.
Et **toi**?
Vous, vous êtes madame Gatepin.

■ **S'appeler au présent**

je m'appelle	nous nous appelons
tu t'appelles	vous vous appelez
il/elle s'appelle	ils/elles s'appellent

■ **Être au présent**

je suis	nous sommes
tu es	vous êtes
il/elle est	ils/elles sont

1. **Complétez les mots.**

a. Je m'a…e…e Emma.
b. Et toi, tu …appell… co…en… ?
c. B…j…r, vous …te… madame Colin ?

2. **Mettez les mots dans l'ordre pour faire des phrases. Attention aux majuscules.**

a. ? / comment / tu / appelles / t'
b. ? / , / Emma / toi / et / suis / je
c. . / Charles / appelle / m' / Gatepin / je

3. **Reliez pour faire des phrases.**

a. Vous, • • je suis Charles.
b. Toi, • • tu t'appelles comment?
c. Moi, • • vous êtes madame Gatepin?

PRONONCEZ

1. **Écoutez et cochez les mots qui se terminent en [ɛ̃].** 🔊

Martine ☐   Gatepin ☐   Colin ☐

2. **Écoutez et rayez les lettres qui ne se prononcent pas.** 🔊

a. Salut! **b.** Ils s'appellent comment? **c.** Et toi? **d.** Je suis Yvonne. **e.** C'est Nadia?

3. **Écoutez et répétez de plus en plus vite.** 🔊

a. Je suis Nadia, et toi? **b.** Tu t'appelles comment? **c.** Martine Colin, enchantée.

COMMUNIQUEZ

🔊 **Comment dire…**

■ **Saluer**

Salut! Bonjour!   Bonjour, Nadia.
Salut Emma.   Bonjour, madame Colin.

■ **Se présenter**

Je suis Martine Colin.
Je m'appelle Martine Colin.

■ **Identifier quelqu'un**

C'est qui? / Qui c'est?
Tu t'appelles comment? / Comment tu t'appelles?
C'est moi / toi / vous.
Et vous, vous êtes? / Et toi, tu es?
C'est madame Colin.
C'est Emma.

■ **Faire répéter**

Pardon, tu t'appelles comment?

1. **Saluez et présentez-vous.**

2. **Identifiez les personnages.**

Leçon

1 Ça va !

DÉCOUVREZ

1. Écoutez les dialogues puis complétez les noms. ●●

a. Le facteur.

b. ...

c. ...

d. ...

e. Marcel Catel.

2. Qui parle ? Écrivez les noms.

Dialogue 1: Nadia et ...

Dialogue 2: ...

Dialogue 3: ...

3. Reliez les dessins et les mots.

un paquet
une lettre
un magazine
un vélo
un magasin
un dictionnaire
un stylo
un portable
la lune
un ballon

PRATIQUEZ

1. Écoutez les mots et complétez.

a. ... paquet   j. ... casquette
b. ... famille Colin   k. ... ballon
c. ... lettre
d. ... magazine
e. ... vélo
f. ... magasin
g. ... dictionnaire
h. ... stylo
i. ... portable

2. Qu'est-ce que vous remarquez ?

3. Et dans votre langue ?

PRONONCEZ

Écoutez et cochez la case correcte.

1.   [yn]   [ɛ̃]
a. une ☐ ☐
b. magasin ☐ ☐
c. un ☐ ☐
d. Emma Colin ☐ ☐
e. la lune ☐ ☐

2.   [in]   [ɛ̃]
a. magazine ☐ ☐
b. magasin ☐ ☐
c. Martine ☐ ☐
d. Colin ☐ ☐
e. Christine ☐ ☐

DICTÉE

Écoutez et complétez le dialogue.

M. CATEL. Qui est-ce ?
LE FACTEUR. C'est le .... Bonjour monsieur Catel !
M. CATEL. Un paquet ? Une lettre ? Merci.
LE FACTEUR. ... allez bien aujourd'hui ?
M. CATEL. Oui, très bien. Merci.
LE FACTEUR. La ... Colin, c'est ... ?
M. CATEL. Non, ... 17 rue de Belleville.
LE FACTEUR. Merci. ... monsieur Catel.

GRAMMAIRE

■ **Le genre des noms**
Le nom est féminin ou masculin, toujours accompagné d'un article.

■ **L'article défini indique une chose déjà connue.**
Le + nom masculin : *Le journal d'Emma.*
La + nom féminin : *La lettre.*

■ **L'article indéfini indique une personne ou une chose qui existe en plusieurs exemplaires.**
Un + nom masculin : *Un journal.*
Une + nom féminin : *Une lettre.*

Attention ! *Le* ou *la* devant voyelle ou *h* : *l'assistant, l'hôtel.*

■ Pour préciser, on ajoute *de*.
Je suis la tour de Pise.

Complétez.
a. C'est ... journal de Charles.
b. C'est ... rue de Belleville.
c. C'est ... famille Colin.
d. C'est ... paquet.
e. C'est ... paquet de monsieur Catel.
f. C'est ... vélo.

COMMUNIQUEZ

 Comment dire...

■ **Demander/dire comment on va**
Ça va ? Tu vas bien ? Vous allez bien ?
Ça va, merci. Oui, très bien. Moi, ça va.

■ **Remercier**
Merci, merci bien, merci beaucoup.

■ **Prendre congé**
Salut, au revoir, à bientôt.

Saluez, demandez et dites comment vous allez :
a. à votre voisin(e) ;
b. à monsieur Colin.

Objectifs communicatifs [demander / dire ce que l'on aime
ou pas, parler de ses goûts et de ses loisirs]

2 Radio Belleville, j'ac

DÉCOUVREZ

1. Observez.

Radio Belleville !!! mène l'enquête

- *Qu'est-ce que tu adores ?* ♥♥
- *Qu'est-ce que tu aimes ?* ♥
- *Qu'est-ce que tu détestes ?* ☹

	Nadia	Bastien	Charles
Le football		♥♥	
La mode	♥♥		
Les copains		♥♥	♥♥
Le scooter	♥♥		♥♥
La violence	☹	☹	
La musique	♥	♥	
Les jeux vidéo			♥
Radio Belleville	♥♥	♥♥	♥♥
L'hypocrisie	☹		☹
La pluie		☹	☹
Le cinéma		♥	
Les discothèques		♥♥	♥♥

2. Quels mots comprenez-vous ? Écrivez-les.

PRATIQUEZ

1. Complétez les phrases.

a. Nadia adore …

b. Charles et Nadia adorent …

c. Charles aime …

d. Bastien et Charles aiment …

e. Ils détestent …

2. Répondez aux questions comme vous voulez.

a. Qu'est-ce que tu adores ?

b. Qu'est-ce que tu aimes ?

c. Qu'est-ce que tu détestes ?

ore !

GRAMMAIRE

■ **Verbes en *-er* au présent**
Exemple : *aimer*

j'aime	nous aimons
tu aimes	vous aimez
il/elle aime	ils/elles aiment

■ **Le pluriel des articles et des noms**

le, la, l' → les   un, une → des

On ajoute un *s* au nom.
La discothèque. **Les** *discothèques.*
Une fille. **Des** *filles.*

Attention ! Finale en *eu* → *eux*, *au* → *aux*.
Le jeu. Les jeux. Un bureau. Des bureaux.
On écrit *s* et *x*, mais ils ne se
prononcent pas.

1. **Complétez les dialogues.**

   a. — Qu'est-ce que tu ador… ?
      — J'ador… la musique.
      — Et Emma, qu'est-ce qu'elle aim… ?
      — … le cinéma.

   b. — Qu'est-ce que vous détest… ?
      — Nous détest… la pluie.

2. **Soulignez les marques du pluriel.**

   a. le cinéma   d. les magasins
   b. les jeux vidéo e. le lycée
   c. des cinémas   f. les copines

3. **Écoutez et cochez si vous entendez le pluriel.** ●●

   a. ☐   c. ☐   e. ☐
   b. ☐   d. ☐   f. ☐

PRONONCEZ

1. **Écoutez puis répétez.** ●●

   a. Vous aimez le cinéma ?
      — Oui, nous adorons ça.
   b. Elles aiment la pluie ?
      — Non, elles détestent la pluie.
   c. Vous êtes Nadia ?
      — Oui, c'est moi.

2. **Écoutez et soulignez les liaisons.** ●●

   a. Ils adorent le football.
   b. Vous aimez Radio Belleville ?
   c. Vous êtes qui ?

3. **Écoutez et barrez les finales muettes
des verbes.** ●●

   a. Emma et Charles aiment le cinéma.
   b. Elles détestent la pluie.
   c. Ils adorent la mode.

4. **Écoutez et cochez si vous entendez le
pluriel.** ●●

   a. ☐
   b. ☐
   c. ☐
   d. ☐

COMMUNIQUEZ

●● **Comment dire...**

■ **Demander/dire ce que
l'on aime ou pas**

Qu'est-ce que + pronom + verbe + ?
Qu'est-ce que tu aimes ? J'aime bien le cinéma.
Qu'est-ce que vous détestez ? La pluie.
Qu'est-ce qu'il adore ? Il adore le football.

Sujet + verbe + nom + ?
Tu aimes le rap ? Oui, j'aime ça.

Répondez.
Qu'est-ce qu'ils aiment ?

2 Elle est comment?

DÉCOUVREZ

1. Observez les dessins et lisez le vocabulaire à voix haute.

4
- rousse
- cheveux courts
- grande
- lunettes de soleil

3
- petite
- cheveux longs châtain
- lunettes
- yeux noirs

1
- blonde
- yeux bleus
- grande
- lunettes

2
- brune
- moyenne
- yeux verts
- cheveux longs

2. Écoutez les dialogues. Qui parle ? ◉●
Dialogue 1: Antoine Colin et ...
Dialogue 2: une dame et ...

PRATIQUEZ

1. **Identifiez Nadia et madame Nitouche sur les dessins.**
Dialogue n° 1: ...   Dialogue n° 2: ...

2. **Regardez le portrait de Bastien et cherchez les erreurs dans les phrases.**
C'est Bastien. Il est blond, il a des lunettes. Il a les yeux noirs, les cheveux longs, il est petit.

3. **Cochez la bonne réponse.**
a. Elle a les yeux bleus ?
— Non, elle n'a pas les yeux bleus. ☐
— Non, elle a les yeux bleus. ☐
b. Elle habite rue de Belleville ?
— Comme ça. ☐
— Oui, au 16. ☐
c. Tu as un vélo ?
— Oui, elle est ici. ☐
— Oui, il est ici. ☐

4. **Écoutez les dialogues puis répétez-les.** ◉●

GRAMMAIRE

La négation du verbe

ne + verbe + *pas*
Je ne suis pas Nadia.

Attention! *Ne* devient *n'* devant une voyelle.
Nous n'aimons pas la pluie.

Attention! Question négative
→ réponse positive :
Oui → si
Tu n'aimes pas la musique ?
Si j'aime la musique

Avoir au présent

j'ai	nous avons
tu as	vous avez
il/elle a	ils/elles ont... des copains!

Les adjectifs

L'adjectif est féminin ou masculin comme le nom.
Il est brun. Elle est brune.

Attention! Certains adjectifs ne changent pas:
Il/Elle est sympathique.

Attention! *Le chemin est long. La route est longue.*
Au pluriel, on écrit *s* mais on ne le prononce pas: *Elle a les yeux bleus.*

PRONONCEZ

Écoutez puis dites si on parle d'un homme, d'une femme ou si on ne sait pas. ◉◉

	un homme	une femme	on ne sait pas
a.	☐	☐	☐
b.	☐	☐	☐
c.	☐	☐	☐
d.	☐	☐	☐
e.	☐	☐	☐

---

1. **Écrivez le contraire.**
a. Nous acceptons les chiens.
b. Nous aimons la musique.
c. Vous vous appelez monsieur Dufour?
d. Vous êtes grands.

2. **Complétez avec *être* ou *avoir*.**
a. Nadia n'... pas de chien, elle ... un chat.
b. Elle ... blonde et elle ... les yeux verts.
c. Nous ... des copains très sympas.
d. Elles ne ... pas rousses.

3. **Classez les adjectifs dans le tableau.**
blond – rousse – brun – noir – vert –
blonde – sympathique – brune – roux –
bleu – noire – verte – bleue – sympathique.

Un homme...	Une femme...
brun	...
...	...
...	verte
...	...
noir	...
...	...
...	bleue

COMMUNIQUEZ

◉◉ Comment dire...

Poser des questions sur une personne
Elle est comment?
Elle est grande, elle est petite.
Elle est grande ou petite? Petite.

Décrire quelqu'un physiquement
Elle est blonde.
Il a les yeux verts.

Choisissez une personne de la classe. Décrivez-la. Qui est-ce ?

demander/donner des informations sur une personne, exprimer l'appartenance, s'exprimer poliment]

Leçon 3 C'est ma carte !

DÉCOUVREZ

1. Observez les cartes. Trouvez les erreurs.

Carte de bibliothèque

Prénom : Colin
Nom : Emma
Âge : 16 ans
Adresse : 7, rue de Belleville
72020 Paris
Téléphone : 01 43 58 69 12
Mail : ecolin@hitmail.fr

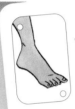

Radio Belleville !!!
Association

Prénom : Collin
Nom : Antoine
Âge : 28 ans
Adresse : 77, rue de Beleville
Code postal : 75020
Ville : Paris
Téléphone : 01 13 68 69 22
Mail : fékoua@hitmail.fr

2. Écoutez et cochez les informations que vous n'entendez pas.

A. ☐ carte de bibliothèque
☐ nom
☐ prénom
☐ âge
☐ adresse
☐ code postal
☐ téléphone
☐ mail

B. ☐ carte de bibliothèque
☐ nom
☐ prénom
☐ âge
☐ adresse
☐ code postal
☐ téléphone
☐ mail

3. Écoutez les dialogues et corrigez les cartes.

PRATIQUEZ

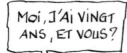

MOI, J'AI VINGT ANS, ET VOUS ?

Complétez comme vous voulez.
a. ... 16, rue de Belleville
b. ... Nadia
c. ... Cheki
d. ... 18 ans
e. ... 06 23 65 87 98
f. ... 22, boulevard du Maine
g. ... Paris
h. ... 75020

■ Les adjectifs possessifs au singulier

Ma, *ta*, *sa* + nom féminin :
Ma photo, ta photo, sa photo.
Mon, *ton*, *son* + nom masculin :
Mon nom, ton nom, son nom.
Notre, *votre*, *leur* + nom masculin ou féminin singulier.

Attention ! *Mon*, *ton*, *son* + nom féminin commençant par une voyelle :
Mon adresse, ton adresse, son adresse.

1. **Complétez le dialogue.**

Bonjour, je voudrais une carte.
NADIA. Ton prénom ?
… . … prénom, c'est …
NADIA. C'est ta photo ?
… . Oui, c'est … photo.
NADIA. Colin, c'est … nom ou … prénom ?

2. **Reliez pour faire des phrases.**

Son prénom,   •   • 46 ?
17, rue de Belleville, •   • votre carte ?
C'est   •   • c'est votre adresse ?
01 45 56 89 45 ou   •   • c'est Charles.

DICTÉE

Écoutez et écrivez. ◉◉

1. **Écrivez deux noms de Français célèbres.**
a. …
b. …

2. **Épelez les noms à votre voisin(e).**

COMMUNIQUEZ

 **Comment dire...**

■ **Demander/dire son âge**
Ton âge ? J'ai 16 ans.

■ **Exprimer l'appartenance**
C'est ma famille.

■ **S'exprimer poliment**
Tu as une photo, s'il te plaît ?
Son nom et son prénom, s'il vous plaît ?
Je voudrais une carte de bibliothèque.

1. **Imaginez une carte.**

2. **Posez des questions aux autres pour remplir la carte.**

Objectifs communicatifs écrire un mail, parler de soi, de sa famille]

Ma famille

DÉCOUVREZ

1. **Lisez le mail d'Emma et observez la photo.**

> Pièces jointes : *Aucune*
>
> Police par défaut ▾ Taille du texte ▾ **G** *I* <u>S</u> T ≡
>
> Clara,
>
> Comment vas-tu ? Bien, j'espère.
>
> Nous sommes maintenant dans notre appartement rue de Belleville, à Paris. Le quartier est très animé. Il y a des cafés, des magasins, un cinéma et une radio super. Ma mère travaille au ministère et mon père est très content dans sa boutique de photos. Moi, je vais au lycée Martin Nadaud. Sur la photo, ce sont mes amis : Nadia et Bastien. Il ressemble à Tiziano Ferró. Mon frère Antoine va à la fac. J'aime bien notre nouvelle vie. Et ta sœur ? Elle est aux États-Unis ?
>
> Bisous. Emma.

2. **Identifiez les personnages sur la photo. Utilisez : C'est…**

PRATIQUEZ

1. **Vrai ou faux ? Cochez.**

	Vrai	Faux
a. Clara écrit à Emma.	☐	☐
b. C'est une lettre.	☐	☐
c. Madame Colin travaille dans une boutique de photos.	☐	☐
d. Antoine va à l'université.	☐	☐
e. Sur la photo, ce sont Nadia et Bastien.	☐	☐

2. **Observez et aidez Emma à présenter sa famille.**

Voici ma famille : … grand-père maternel s'appelle Roland et sa femme … . Malheureusement, ma grand-mère paternelle est morte et mon …, Jean-Daniel, est seul maintenant. Mon père a un …, mon oncle Michel. Il est marié avec ma …, Sabine. Ils ont deux enfants, mes …, Paul et Oscar. Et voici mon … Antoine !

GRAMMAIRE

■ **Le verbe *aller* au présent**

je vais	nous allons
tu vas	vous allez
il/elle va	ils/elles vont

Ils vont rue de Belleville.
Tu vas à la fac.

■ ***Aller à* + article**

Il va au café? → *à + le = **au***
Ils vont aux États-Unis. → *à + les = **aux***
Elle va à la fac. → *à + la = **à la***

■ ***Aller à* + nom de ville**

Elle va à Lille.

■ **Les possessifs au pluriel**

Mes, tes, ses, nos, vos, leurs + nom
masculin ou féminin au pluriel
Mes parents.
Vos cousins.
Leurs enfants.
Nos filles.
Ses cousines…

■ ***C'est* (singulier)**
***Ce sont* (pluriel)**

C'est / Ce sont + nom présente une
personne ou une chose.
Emma, c'est mon amie.
Emma et Bastien, ce sont nos amis.
À l'oral : *C'est mes copains.*

■ ***Il y a* + nom** note l'existence
d'une personne ou d'une chose
dans un lieu (invariable).
Il y a des magasins / un café.

1. **Complétez les phrases avec *à, au,
à la, aux*.**

a. Elle va … boulangerie.
b. Vous allez … cinéma?
c. Nous allons … Paris.
d. Tu vas … lycée aujourd'hui?
e. Elle va … toilettes.

2. **Complétez les dialogues.**

a. NADIA. Ce sont … parents sur la photo?
EMMA. Oui, ce sont … parents.
b. CHARLES. Monsieur, … lunettes!
LE MONSIEUR. Non, ce sont … lunettes.
c. NADIA. Ce sont … clés?
ANTOINE. Oui, ce sont … clés.
EMMA. Non, ce sont … clés!
d. LE FACTEUR. … parents sont là?
EMMA ET ANTOINE. Non, … parents ne sont
pas là.

3. **Complétez.**

a. À Paris, … une tour, c'est la tour Eiffel.
b. Sur la photo, … une fille, … Nadia.
c. … un garçon dans la boulangerie.

PRONONCEZ

1. **Écoutez et cochez.** 👁👁

	[ø]	[e]
a. yeux	☐	☐
b. animé	☐	☐
c. cinéma	☐	☐
d. monsieur	☐	☐
e. deux	☐	☐
f. café	☐	☐
g. quartier	☐	☐

2. **Phonie – Graphie : dans les mots
ci-dessus, comment s'écrivent
les sons [ø] et [e] ?**

[ø]	[e]
…	…

COMMUNIQUEZ

👁👁 Comment dire...

■ **Présenter son quartier**
Il y a des magasins, c'est très animé.

■ **Parler de soi, de sa famille,
de ses amis**
Mon père, il a 50 ans, il travaille dans
une boutique.

**Écrivez un mail à votre nouveau prof.
Décrivez votre quartier et présentez
vos amis.**

delf cadre européen A1

COMPRENDRE

ÉCOUTER

1. Écoutez et complétez la carte de visite. ◉◉

> **Michel** …
> …, rue de Belleville
> 75020 Paris
>
> _____
>
> mail : … @wanadon.com
> tél. : …

LIRE

2. Observez ce document et répondez aux questions.
   a. Qu'est-ce que c'est ? Un mail, un message ou une lettre ?
   b. Comment s'appelle l'expéditeur ?
   c. Quel est le nom du destinataire ?
   d. Martine, c'est son nom ou son prénom ?

> Antoine Colin
> 17, rue de Belleville
> 75020 PARIS
>
>
> Martine Bon
> 34, rue des Artistes
> 31000 Toulouse

ÉCRIRE

3. Vous cherchez un correspondant. Écrivez un mail pour vous présenter.

PARLER

1. Observez les gens dans la rue. Choisissez une personne et décrivez-la à la classe.

2. Retrouvez trois personnes que vous connaissez déjà.

DEUX PAR DEUX

3. Décrivez une personne célèbre. Votre voisin(e) pose des questions pour deviner.

4. Décrivez un professeur de votre lycée sans donner son nom.

5. Jeu de rôles. Le facteur apporte un paquet. Vous êtes surpris.

6. Choisissez une photo, parlez des goûts et des loisirs de la personne.

LA VILLE FRANÇAISE

Une place en France

1 Écoutez et associez les bruits aux dessins. ◑ ◐

Les objets de la rue

2 Regardez les photos. Qu'est-ce que c'est ?
Associez une image à chacun des mots suivants.

a. un bureau de tabac   **e.** une boulangerie
b. une pharmacie   **f.** une boîte aux lettres
c. le métro   **g.** une colonne Morris
d. une banque

3 Dans votre pays, avez-vous les mêmes objets ?

LES SALUTATIONS

1 On dit tu ou vous ?
Regardez les photos. Ces personnes se disent-elles « tu » ou « vous » ?

2 Choisissez une photo et imaginez un dialogue.

QUELQUES DOCUMENTS

1 Observez les photos et associez les documents aux lieux.

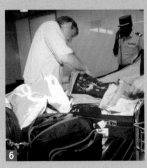

2 Jeu de rôles
Vous êtes dans l'une des situations ci-dessus. Vous n'avez pas le document demandé.
Jouez le dialogue.

4 Une radio, mais pou

DÉCOUVREZ

1. Observez les dessins.

dans

à côté de

sous

à gauche

sur

à droite

devant

derrière

2. Trouvez un ordre pour les dessins.

n° ...

n° ...

n° ...

n° ...

n° ...

3. Écoutez Marcel et vérifiez. ◉●

PRATIQUEZ

Complétez les phrases.

Où est le chat de Nadia ?

... la table.

... le lit.

... la télé.

... la boîte.

rquoi ?

GRAMMAIRE

■ La négation de l'article indéfini

J'ai un chat. Je n'ai pas de chat.
Il a une idée. Il n'a pas d'idée.

Attention ! *Il a des lunettes.*
Mais on dit : *Il n'a pas de lunettes.*

■ L'adjectif *quel*

Quel + nom masculin singulier
Quel paquet ! Quel paquet ?

Quelle + nom féminin singulier
Quelle surprise ! Quelle surprise ?

Quels + nom masculin pluriel
Quels chiens ! Quels chiens ?

Quelles + nom féminin pluriel
Quelles lunettes ! Quelles lunettes ?

1. Répondez aux questions.

a. Vous avez des ciseaux ?
— Non, je …

b. Il y a des couverts ?
— Non, il …

c. Vous avez des enfants ?
— Non, nous …

2. Complétez avec *le, la, les, un, une, des, pas de.*

a. Sur la table, ce sont … lunettes de monsieur Catel.

b. Qu'est-ce que c'est ? … lunettes, … journal, … photo.

c. C'est … journal de monsieur Colin.

d. J'aime … musique rap, et toi ?

e. Elle n'a … chien, elle a … chats.

3. Complétez avec *quel, quelle, quels* ou *quelles.*

… belle maison !   … scooter !

… yeux !   … fille ?

PRONONCEZ

1. Écoutez et notez si c'est une question (?) ou une exclamation (!). ◉◉

a. Un poste de radio, quelle surprise …

b. Un paquet, mais pourquoi …

c. Et ça, c'est quoi …

d. Hop … C'est super …

e. Quelle catastrophe …

2. Répétez les phrases avec l'intonation. ◉◉

COMMUNIQUEZ

◉◉ Comment dire…

■ Nommer un objet

Qu'est-ce que c'est ?
Ça, c'est quoi ?

■ Situer un objet

Qu'est-ce que c'est, sous le journal ?
Où sont mes ciseaux ?

■ Exprimer la surprise

Oh ! Quel paquet !
Ah ! Un poste de radio !
Qu'est-ce que tu fais ?

Vous cherchez un objet : écrivez un monologue comme Marcel Catel.

demander de faire
quelque chose, exprimer une obligation]

4 Tu peux faire la vais

DÉCOUVREZ

1. Lisez le message de Pierre Colin.

Martine, Antoine et Emma,
Nous avons des invités pour le dîner :
les Nitouche. Ils arrivent à 20 heures.
Martine, est-ce que tu peux acheter le
pain et ranger la cuisine ? Emma, il faut
faire la vaisselle. Antoine peut passer
l'aspirateur dans le salon et dans les
chambres. Pouvez-vous aussi mettre le
couvert pour cinq personnes dans la
salle à manger ? Merci.

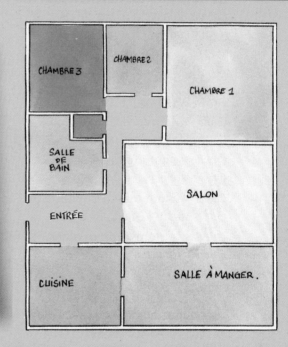

2. Écrivez les noms des personnages sur le plan.

PRATIQUEZ

1. Observez les dessins et notez les erreurs.

2. Écrivez le nom des objets sur le plan de l'appartement, à la bonne place.

selle ?

GRAMMAIRE

▪ *Pouvoir* au présent

je peux	nous pouvons
tu peux	vous pouvez
il/elle peut	ils/elles peuvent

▪ L'interrogation

Est-ce que + pronom sujet + verbe
Est-ce que tu aimes ça?

Est-ce que + pronom sujet + verbe
+ infinitif
Est-ce que tu peux venir?

▪ Exprimer l'obligation

Il faut aller au lycée.
Il faut faire le ménage.

---

1. **Complétez avec *pouvoir*.**
a. Tu … acheter le journal?
b. Nous … ranger la chambre.
c. Elles … faire la vaisselle, non?
d. Nous ne … pas passer l'aspirateur.

2. **Lisez les phrases de l'exercice 1 et barrez les lettres muettes.**

3. **Mettez les mots dans l'ordre pour faire des phrases.**
a. ? / - / ce / est / que / cinéma / pouvez / au / vous / aller
b. ? / peux / tu / chambre / la / ranger
c. . / passer / aspirateur / l' / couloir / le / dans / peut / il
d. ? / cinéma / aller / tu / pas / veux / ne / au

4. **Reliez pour faire des phrases (plusieurs réponses sont possibles).**

Est-ce que	•	• dîner à la maison?
Pouvez-vous	•	• vous avez des invités?
Ils viennent	•	• ranger la serviette dans le tiroir?
Qu'est-ce qu'	•	• elles veulent?

5. **Faites une liste des obligations de votre professeur.**
a. Il faut … b. … c. … d. …

PRONONCEZ

DICTÉE

Écoutez et complétez les dialogues. ◉●
a. Est-ce que tu … faire la …?
— Moi? Non, je déteste … la vaisselle.
— Moi aussi.
b. … que tu … mettre le … ?
— Il y a cinq … ?
— Non, … !

1. **Répétez les phrases et changez l'intonation.** ◉●
a. Je déteste passer l'aspirateur.
  → Je déteste passer l'aspirateur!
b. Il aime beaucoup Nadia.
  → Il aime beaucoup Nadia?
c. Vous allez en France?
  → Vous allez en France!

2. **Imaginez d'autres phrases et prononcez-les en changeant l'intonation.**

COMMUNIQUEZ

◉◉ Comment dire…

▪ Demander de faire quelque chose
Est-ce que tu peux passer l'aspirateur?
Vous pouvez acheter le journal?

▪ Exprimer une obligation
Il faut aller chez Marcel Catel.

Deux par deux.
À la maison, qu'est-ce que vous faites ?
Écrivez une liste.
Discutez avec votre voisin(e).

leçon 5 En direct de Radio

DÉCOUVREZ

1. **Écoutez et répétez: quelle heure est-il?** ●●

Il est: 11h15 – midi – 14h30 – 9h05 – 20h45 – minuit – 18h45.

2. **Reliez.**

a. Il est vingt heures quarante-cinq.

b. Il est quatorze heures trente.

c. Il est dix-huit heures quarante-cinq.

 1 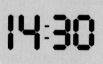 2  3

3. **Observez.**

L'heure courante	Les heures	L'heure officielle
Cinq heures du matin	5h00	Cinq heures
Midi	12h00	Douze heures
Une heure	13h00	Treize heures
Deux heures	14h00	Quatorze heures
Trois heures	15h00	Quinze heures
Cinq heures du soir	17h00	Dix-sept heures
Minuit	0h00	Zéro heure

PRATIQUEZ

1. **Écrivez l'heure d'une autre façon.**

a. Il est 2h05. **b.** Ton train est à dix-huit heures.

2. **Lisez le programme et remplissez le tableau.**

Le jour	Les horaires	Nom de l'émission	Sujet de l'émission
Lundi	9 h 00 à 11 h 00		
Mardi			
Mercredi			

Radio Belleville !!!
Programme

LUNDI matin:
de 9 h à 11 h, le
film de la semaine :
Cinéma.

MARDI soir: de
20h30 à 21h15,
Portraits, la vie et
l'œuvre d'un artiste.

**MERCREDI
après-midi:** de 15 h
à 16 h, *Ma musique
et moi*, un jeune du
quartier fait son
programme musical.

JEUDI matin:
de 11 h à 12 h,
À table! une recette
de cuisine.

VENDREDI matin:
Débat, le lycée.

SAMEDI matin:
de 9 h à 9h45, *Les*

Bruits de la rue,
un invité raconte
une histoire...

DIMANCHE soir:
de 19h30 à 20h,
Actualité, les
informations.

Belleville

■ Verbes du 2ᵉ groupe
Choisir au présent

je choisis	nous choisissons
tu choisis	vous choisissez
il/elle choisit	ils/elles choisissent

■ La durée

Portraits, *c'est de 20 heures 30
à 21 heures.*
*Le magasin est ouvert de 9 heures
à 19 heures.*

■ *Faire* au présent irrégular.

je fais	nous faisons
tu fais	vous faites
il/elle fait	ils/elles font

1. **Écoutez et répondez aux questions.** ◉●
   a. Emma choisit …
   b. Nadia préfère …
   c. Bastien n'aime pas …
   d. Monsieur et madame Colin choisissent …

2. **Demandez à votre voisin(e).**
   a. Qu'est-ce que tu fais de 16 heures à 18 heures samedi ?
   b. Sur le même modèle, posez d'autres questions.

1. **Écoutez et cochez : [s] ou [z] ou les deux ?** ◉●

	[s]	[z]
a.	☐	☐
b.	☐	☐
c.	☐	☐
d.	☐	☐
e.	☐	☐
f.	☐	☐
g.	☐	☐
h.	☐	☐
i.	☐	☐
j.	☐	☐

2. **Phonie – Graphie :
[z] et [s] peuvent s'écrire :**

[z]	[s]
…	…
…	…
…	…
…	…
…	…

3. **Écoutez et notez les liaisons.** ◉●
   a. Vous avez les horaires ?
   b. Vos amis viennent dîner ?
   c. Ils ont des amis français ?

COMMUNIQUEZ

◉● **Comment dire…**

■ Demander/dire l'heure/le jour
Vous avez l'heure, s'il vous plaît ?
Il est quelle heure ? Quelle heure est-il ?
Il est 21 heures 55.
C'est quand ?
C'est samedi, à midi.

■ Demander des horaires
L'émission est à quelle heure ?
C'est de 9 heures à 11 heures.

**Imaginez votre programme de télévision.
Posez des questions à un autre groupe
pour connaître son programme.**

Leçon 5 C'est bizarre...

DÉCOUVREZ

1. Observez la BD. Quel(s) personnage(s) reconnaissez-vous ?

2. Faites des hypothèses : trouvez un ordre.
   Votre choix : ...

PRATIQUEZ

1. Écoutez l'émission *Les Bruits de la rue.*

2. Vérifiez vos hypothèses.

3. Écoutez encore et corrigez les erreurs.

  a. Charles est au micro de Radio Belleville.

  b. C'est l'émission *Un jeune, une musique.*

  c. Marcel Catel est l'expéditeur du paquet.

  d. Dans le paquet, il y a un poste de télévision.

  e. Marcel connaît l'expéditeur.

  f. Maintenant, Marcel Catel n'écoute pas la radio.

GRAMMAIRE

■ **Le pronom *on***

On = nous
On est contents. Nous sommes contents.
Attention ! Le verbe est au singulier,
mais l'adjectif est au pluriel !

■ **Accord des adjectifs**

L'adjectif s'accorde en genre et en
nombre avec le nom qu'il accompagne.
Un gros paquet. Une belle histoire.

Dans l'expression, *c'est* + adjectif,
l'adjectif est au masculin singulier.
C'est gentil !

L'adjectif s'accorde avec le pronom
sujet. *Elle est gentille. Elles sont gentilles.*

Attention ! *Un beau scooter, un bel appartement, une belle maison.*

■ ***Connaître* au présent**

je connais	nous connaissons
tu connais	vous connaissez
il/elle connaît	ils/elles connaissent

1. Transformez comme dans l'exemple.
On est contents. Nous sommes contents.
a. On arrive à midi. c. On va chez toi.
b. On aime la musique. d. On est gentils.

2. Cochez si les adjectifs sont féminins,
masculins ou si on ne sait pas.

	masculin	féminin	on ne sait pas
a. gros			
b. contente			
c. belle			
d. gentil			
e. jeune			

3. Écoutez les phrases et dites combien
de syllabes vous entendez.
a. Tu connais Emma ?
b. Ils ne se connaissent pas.
c. Radio Belleville, vous connaissez ?
d. Je ne connais pas la France.

PRONONCEZ

DICTÉE

Écoutez et écrivez les mots.

1. Phonie – Graphie :
[o] et [ɔ̃] peuvent s'écrire :

[o]	[ɔ̃]
…	…
…	…
…	…

2. Écoutez et cochez : [o] ou [ɔ̃] ?

	[o]	[ɔ̃]
a.	☐	☐
b.	☐	☐
c.	☐	☐
d.	☐	☐
e.	☐	☐

COMMUNIQUEZ

Comment dire...

■ **Caractériser un objet simplement**
C'est un gros paquet.

■ **Exprimer la satisfaction**
C'est gentil ! C'est merveilleux !

■ **Demander pourquoi et répondre**
Pourquoi ? Parce que…
Pourquoi tu vas au cinéma ?
Parce que j'aime ça !

1. Imaginez un scénario :
Pourquoi Marcel a une radio ?
Parce que…

2. Présentez vos hypothèses
à la classe.

6 Allô, allô…

DÉCOUVREZ

1. **Regardez la BD. Qu'est-ce qu'ils font ?**

2. **Associez les phrases aux dessins.**

Ils s'habillent. Ils se lèvent. Ils prennent le petit déjeuner. Ils vont travailler.
Je me lave. Je me réveille. Je vais au lycée. Je me couche à 22 heures 30.
Il se promène. Il se repose. Il va au cinéma. Il écoute la radio.

PRATIQUEZ

Écoutez le dialogue et corrigez les erreurs. ◉◉

NADIA. Allô! Bonjour, il y a Nadia. Qu'est-ce que je peux parler à Emma, s'il te plaît?

M. COLIN. Bonsoir, Nadia. Emma, c'est avec toi! Une heure, elle arrive!

EMMA. Salut Nadia. Est-ce qui se passe ? C'est un problème ?

NADIA. Non, je t'appelle pour demain ! Est-ce que tu es toujours d'accord ?

EMMA. Oui, bien sûr. On se retrouve à 6 heures, place des Fêtes.

GRAMMAIRE

■ Les verbes pronominaux

je me lève	nous nous levons
tu te lèves	vous vous levez
il/elle se lève	ils/elles se lèvent

■ Est-ce que? / Qu'est-ce que?

Est-ce que tu vas bien?

Oui, je vais bien. Non, pas très bien.

Est-ce que? → réponse en oui ou non

Qu'est-ce que tu fais?

Je me repose.

■ *Prendre* au présent

je prends	nous prenons
tu prends	vous prenez
il/elle prend	ils/elles prennent.

1. Complétez les phrases.

a. Se promener: Il ... dans son quartier?

b. S'habiller: Tu ... avec ça!

c. Se rencontrer: Elles ... à 9 heures.

d. Se téléphoner: Vous ... le week-end?

2. Mettez les mots dans l'ordre pour faire des phrases .

a. . / se / minuit / elles / à / couchent

b. . / les / se / jumeaux / ressemblent

c. . / sieste / elle / à / la / de / heures / 15 / 14 / heures / fait

d. ? / cheveux / lave / se / les / elle

3. Trouvez les questions possibles.

a. Nous nous reposons.

b. Oui, je me lave. Pas toi?

c. Non, je n'aime pas le nouveau prof.

d. Il se lève.

PRONONCEZ

1. Écoutez le verbe *prendre* et notez, pour chaque personne, le nombre de syllabes. ◉●

prendre	1 syllabe	2 syllabes
je	...	...
tu	...	
il/elle	...	
nous	...	
vous	...	
ils/elles		

2. Écoutez et indiquez les liaisons interdites. ◉●

a. Nous allons à la boulangerie.

b. Nadia et Emma se retrouvent place des Fêtes.

c. Vous êtes à Paris, rue du Soleil.

d. Vous allez à Lyon demain.

COMMUNIQUEZ

◉● Comment dire...

■ Au téléphone

Allô, est-ce que je peux parler à Emma, s'il vous plaît?

Une minute / un moment, s'il te / vous plaît.

■ Parler de ses activités quotidiennes

Qu'est-ce qu'on fait demain / aujourd'hui?

On se retrouve place des Fêtes.

■ Demander/donner ou pas son accord

Tu es d'accord pour déjeuner avec moi?

Oui, d'accord.

Non, ce n'est pas possible. Désolé(e).

1. Au téléphone, proposez des activités à votre ami(e).

— Tu es d'accord pour aller au cinéma?

— Qu'est-ce que tu fais samedi?

2. Imaginez le week-end d'un élève de la classe.

Leçon 6 — C'est un secret

DÉCOUVREZ

1. Lisez le journal intime de Nadia.

Cher journal,

Mes rencontres : Emma est une fille super : elle est sincère, intelligente et marrante.

Antoine, lui, est amusant, généreux et timide. Leur père prend des photos, il a l'air sympa. Leur mère est gentille et patiente. Elle est bavarde aussi...

Charles, le fils de la boulangère, ne change pas : il est jaloux et il a la grosse tête ! Mais il n'est pas vraiment méchant ! Bastien, c'est mon préféré : il est mignon, il est sportif et c'est dommage, il est toujours très occupé. Je vais essayer de parler avec lui.

Je suis contente parce que Marcel Catel a maintenant son poste de radio. Il va pouvoir écouter de la musique. L'expéditrice, c'est moi ! C'est mon secret. J'aime beaucoup Marcel Catel parce qu'il est toujours de bonne humeur. C'est rare ! Ça change !

Demain matin, je vais me promener avec Emma. Nous allons découvrir le quartier.

Ça va être super !

2. Soulignez les expressions qui décrivent une personne.

3. Entourez les expressions qui expriment une appréciation.

PRATIQUEZ

1. Écrivez les contraires des adjectifs du journal intime de Nadia. Utilisez le lexique à la fin du cahier d'exercices ou un dictionnaire.

mécontent

sympathique

timide

2. Reliez les expressions de même sens.

C'est dommage ! •	• C'est génial ! C'est « top » ! C'est bien !
C'est rare ! •	• Ça n'arrive pas souvent.
C'est super ! •	• C'est triste, c'est regrettable.
Ça change ! •	• Ce n'est pas toujours la même chose.

GRAMMAIRE

Le futur proche :
verbe *aller* + infinitif

Je vais me promener.
Tu vas dîner au restaurant.
Elle va ranger sa chambre.
Nous allons mettre le couvert.
Vous allez détester le film.
Ils vont aller à la bibliothèque.

Écrivez les phrases du tableau qui vont avec les dessins.

Il …

Je …

Nous …

Ils …

Tu …

Vous …

PRONONCEZ

1. **Séparez les phrases en groupes rythmiques.**
   a. Ils se promènent dans le quartier.
   b. À quelle heure vont-ils au lycée ?
   c. Ils prennent un café place des Fêtes.
   d. Nous allons découvrir le quartier.

2. **Écoutez les phrases et répétez.**

3. **Prononcez les phrases de plus en plus vite.**

COMMUNIQUEZ

Comment dire...

Décrire le caractère d'une personne
Elle est amusante, intelligente, sympa.
Il est jaloux, il a la grosse tête.
Il est très occupé.
Il est toujours de bonne humeur.

Exprimer une appréciation
C'est rare ! C'est super !
C'est dommage ! Ça change !

1. **Décrivez le caractère d'une personne que vous aimez et d'une personne que vous n'aimez pas.**

2. **Personne n'est parfait !**
Faites la liste de vos défauts et de vos qualités.

COMPRENDRE

ÉCOUTER

1. Écoutez madame Zaza, puis soulignez la bonne réponse. ◉●

    a. Comment s'appellent les jumeaux ? Omar et Olive – Omar et Ophélie.

    b. Quel âge ont les jumeaux ? Six ans – Seize ans.

    c. Quel âge a Ophélie ? Treize ans – Seize ans.

2. Complétez le tableau.

Émission	Qui regarde quoi ?	Horaires
Le Monde sauvage		
Hip hop		
Debout les zouzous !		

3. Reliez.

Le Monde sauvage.   ●   ●   Un dessin animé.

Hip hop.   ●   ●   Une émission sur les animaux.

Debout les zouzous ! ●   ●   Musiques.

4. Complétez.

Madame Zaza dit : « Moi, j'aime …, …. En général, c'est le soir de … à … heures. »

LIRE

5. Lisez le texte, puis écrivez, en les mettant à leur place, les mots suivants: une lampe, un livre, un verre, un pyjama, des pantoufles, un poste de radio.

Sur l'étagère, il y a une lampe. À côté de mon lit, il y a une table de nuit. Sur ma table de nuit, il y a un livre, un verre, une lampe de poche. Devant mon bureau, il y a une chaise. Sous ma chaise, il y a mes pantoufles. Derrière la porte, il y a mon pyjama. Sur la commode, il y a un poste de radio.

ÉCRIRE

6. Placez les éléments suivants sur la lettre.

   a. La ville, la date.
   b. La formule d'appel.
   c. Le corps de la lettre.
   d. La formule de politesse.
   e. La signature.

> ....
> ....
> ....
> ....
>
>   ....la ville, la date....
>
> ....
> ....
> ....
> ....
> ....
> ....
> ....
> ....
> ....
> ....
>
>   ....

7. Classez les formules dans le tableau.

   a. Cher Antoine
   b. Je t'embrasse très fort
   c. Gros bisous
   d. À bientôt
   e. Je t'embrasse
   f. Salut
   g. Chère Emma
   h. Salut Nadia
   i. Emma
   j. Grosses bises

Formules d'appel	Formules de politesse/de congé

8. Vous avez déménagé. Vous habitez aujourd'hui à Paris. Écrivez une lettre à un(e) ami(e) pour lui parler de vos nouveaux amis : Nadia, Bastien, Emma et Antoine.

9. Vous vivez en colocation. Vous laissez un mot à vos colocataires pour leur demander d'effectuer des tâches ménagères à la maison.

PARLER

1. Racontez ce que vous avez l'habitude de faire pendant la journée.

2. Vous préférez regarder la télévision ou écouter la radio ? Pourquoi ?

DEUX PAR DEUX

3. Vous meublez votre chambre. Décrivez-la à votre voisin(e). Votre voisin(e) montre les meubles et les objets sur la photo.

LES PRÉNOMS DES FRANÇAIS

Mon prénom, c'est Clément

Les prénoms préférés des Français en 2003	
Filles	Garçons
Léa	Lucas
Camille	Thomas
Marion	Hugo
Océane	Théo
Emma	Maxime

1 Faites la liste des prénoms français que vous connaissez.

2 Mettez en commun les prénoms trouvés par la classe.

3 Observez le tableau.

4 Votez. Quels sont les deux prénoms français préférés de la classe (un prénom masculin et un prénom féminin) ?

5 Jeu de rôles
Vous êtes un jeune Français. Vous allez bientôt avoir un petit frère ou une petite sœur. Vous discutez avec votre père ou votre mère pour choisir un prénom.

Mon prénom français, c'est...

1 Choisissez le prénom français que vous préférez et écrivez-le ci-dessous.

Nadia

2 Faites deviner votre prénom français à votre voisin(e).
Aidez-le (-la) : « Ça commence par un *n*, ça finit par un *a*. »

civilisation

LES PRÉSENTATIONS

Voici Martine, ma femme

1 Écoutez les dialogues et associez-les aux photos. 🔊

2 Choisissez une des trois situations et imaginez la suite du dialogue.

GESTES

1 Observez les dessins. Qu'est-ce qu'ils disent ?

2 Associez les phrases aux dessins.
— Viens ici.
— Il est fou, ce type !
— J'en ai marre, j'en ai ras le bol !
— Je ne sais pas, j'hésite...

3 Dans votre pays, quelle est la signification de ces gestes ?

Synthèse

■ **Le nom commun :** il désigne des êtres animés ou des choses.
- Il est composé de deux parties : l'article (défini ou indéfini) et le nom.
  Le chat, la pomme, une clé, un stylo.
- Il est féminin ou masculin, et il n'y a pas de règle pour connaître le genre du nom !
  Une porte, un canapé.

En général, pour former le féminin, on ajoute un *-e* : *l'étudiant, l'étudiante.*
Au féminin, on prononce la consonne précédant le *-e* final.
- Il est singulier ou pluriel. Au pluriel, on ajoute un *-s* ou un *-x*, ou rien.
  Une femme, des femmes – le bureau, les bureaux – un pays, des pays.

Le *-s* ou le *-x* du pluriel ne se prononcent pas.
Certains noms sont toujours au pluriel : *les gens, les vacances.*

■ **Le nom propre :** il désigne une personne ou une chose unique et s'écrit toujours
avec une majuscule : *monsieur Colin, Nadia, Belleville, Paris.*
- Quand il désigne une personne, il n'a pas de déterminant. *C'est Antoine.*
- Quand il désigne un lieu (sauf les villes), il est précédé de l'article défini : *la Seine.*

Les noms désignant des nationalités ont toujours une majuscule : *les Italiens, les Espagnols.*

---

1. Complétez les noms.

a. Une ami…   b. Des personne…   c. La voisin…   d. … enfants   e. … maison

2. Mettez une majuscule si nécessaire.

a. La france.   b. C'est nadia.   c. toulouse.   d. Les anglais.   e. Elle est belge.

■ **Le pronom sujet :** il désigne l'être animé ou la chose qui fait l'action exprimée par le verbe.

	Singulier	Pluriel	
1re personne	je/j'	nous	pour les êtres animés
2e personne	tu	vous	pour les êtres animés
3e personne masc.	il	ils	pour les êtres animés et les choses
fém.	elle	elles	pour les êtres animés et les choses
indéfinie	on		

Elle est sympathique. J'habite ici. Ils sont faciles.

■ **Le pronom tonique :** il met en relief un autre pronom, il sert à insister.

	Singulier	Pluriel	
1re personne	moi	nous	pour les êtres animés
2e personne	toi	vous	pour les êtres animés
3e personne masc.	lui	eux	pour les êtres animés
fém.	elle	elles	pour les êtres animés

Moi, j'ai deux frères. Lui, il a trois sœurs.
Le verbe s'accorde avec le pronom tonique. *C'est vous qui venez chez moi.*

---

3. Complétez par un pronom sujet ou tonique.

a. … , il est sportif.

b. Eux, … vont en Espagne.

c. Nous, … aimons ça.

d. … , tu vas bien ?

4. Accordez les adjectifs, si nécessaire.

a. Ses pantalons sont court… .

b. Tes jeans sont bleu… ou noir… ?

c. Les lunettes d'Amélie sont rond… .

L'adjectif qualificatif : il accompagne et qualifie un nom, il précise.

- Il s'accorde avec le nom.
  Un beau garçon, une belle fille, des beaux garçons, des belles filles.
- En général, pour former le féminin, on ajoute un *-e*.
  Exemple : joli → jolie.
- Certains adjectifs ont la même forme au féminin et au masculin.
  Il est sympathique. Elle est sympathique.
- La prononciation change souvent quand on ajoute un *-e* au féminin.
  On entend la consonne finale.
  Un petit appartement, une petite maison.
- En général, les adjectifs courts et fréquents sont placés avant le nom.
  Beau, bon, jeune, vieux, petit, grand, gros. Une jeune fille.
- Les adjectifs plus longs, de couleur, de nationalité, se placent après le nom.
  Un jardin merveilleux, une femme japonaise, une jupe rose.

Les adjectifs possessifs :
ils indiquent une relation d'appartenance.

5. **Accordez les adjectifs et les noms, si nécessaire.**
  a. Une grand… maison.
  b. Des petit… pois.
  c. Des stylos vert… .
  d. Des jeune… fille… .
  e. Trois belle… fleur… .

6. **Transformez.**
  Exemple : Le fils de Martine. > Son fils.
  a. Les enfants des Colin. >
  b. La jupe d'Emma. >
  c. Le chien des Nitouche. >
  d. Le chat de Nadia. >
  e. Les lunettes de Marcel. >

7. **Mettez à la forme négative.**
  a. Elle aime le sport.
  b. Tu vas au cinéma ?
  c. Elle est gentille, Odile ?
  d. Je connais Thierry, et toi ?
  e. Il sort souvent le soir.

Possesseur	« Possédé » singulier	
	Masculin	Féminin
Une personne	mon portable	ma disquette
	ton portable	ta disquette
	son portable	sa disquette
	« Possédé » pluriel	
Une personne	mes chaussures	mes lunettes
	tes chaussures	tes lunettes
	ses chaussures	ses lunettes
	« Possédé » singulier	
Plusieurs personnes	notre portable	notre disquette
	votre portable	votre disquette
	leur portable	leur disquette
	« Possédé » pluriel	
Plusieurs personnes	nos chaussures	nos lunettes
	vos chaussures	vos lunettes
	leurs chaussures	leurs lunettes

Devant un nom féminin qui commence par une voyelle : *ma, ta, sa → mon, ton, son*
Ma sœur, mon amie.

La phrase affirmative simple
- Elle commence par une majuscule et se termine par un point.
- Elle est souvent formée sur le modèle : sujet + verbe + complément (ou attribut).
- La suite de ces mots a un sens, l'énoncé doit être cohérent.
- Le sujet peut être un pronom, un nom ou un présentatif.
  Nous avons un copain suisse. Il est suisse. C'est un Suisse.

La phrase négative
- La négation est toujours formée de deux éléments.
- La négation encadre le verbe : sujet + *ne (n')* + verbe + *pas*.
  Elle ne dort pas. Tu n'aimes pas ça.

Évaluation

1. Regardez le dessin puis soulignez les phrases vraies.

a. Elles sont brunes.

b. Elle est rousse.

c. Elle a des lunettes noires.

d. Elle a des lunettes.

e. Elle a des lunettes vertes.

f. Elle a les yeux bleus.

g. C'est mon frère.

h. Elle est jeune.

i. Elle a 5 ans.

j. Elle a 15 ans.

2. Regardez le dessin, puis complétez les phrases.

a. Il faut ranger l' ….

b. Il faut mettre le ….

c. Il faut passer ….

d. Il faut laver ….

3. Barrez l'intrus.

a. courts – longs – roux – petits

b. un couloir – un quartier – une chambre – une cuisine

c. dîner – prendre le petit déjeuner – déjeuner – dormir

d. un frère – une sœur – un oncle – une tante – un ami

e. jaloux – mignon – sympathique – méchant – gentil

4. Soulignez la bonne réponse.

a. C'est à toi le/la poste de radio ?

b. Elle est comment ta sœur ? Blonde ? / Jaune ?

c. Monsieur Colin travaille dans un magazine/magasin de photos.

d. Mon grand-père, c'est le frère/père de maman.

e. J'ai un message/paquet de Nadia sur hitmail.

5. Reliez les contraires.

a. oui •   • monsieur

b. moche •   • ennuyeux

c. avare •   • mignon

d. madame •   • non

e. amusant •   • généreux

Articles définis/indéfinis

1. Complétez par *un/une* ou *le/la*.

a. C'est ... chat.

b. C'est ... paquet.

c. C'est ... scooter.

d. C'est ... boulangerie.

e. C'est ... chat de Nadia.

f. C'est ... paquet de Marcel.

g. C'est ... scooter de Charles.

h. C'est ... boulangerie des Gatepin.

La présentation, l'existence, l'identification

2. Complétez avec *c'est/ce* sont, *il y a* ou *elle/il est*.

a. Sur la photo, ... un homme.

b. ... Pierre, ... mon père.

c. ... sympa.

d. Tiens, à gauche, ... les Gatepin,
   ... les boulangers.

e. ... ma rue, la rue de Belleville.

f. ... ma nouvelle vie, ... super !

Les adjectifs : genre et nombre

3. Cochez la réponse qui convient.

a. Elle est ...

   grande. ☐   grand. ☐   grandes. ☐

b. Elles ont les cheveux ...

   longs. ☐   longues. ☐   long. ☐

c. ... beau scooter !

   Quel ☐   Quelle ☐   Quels ☐

La négation

4. Écoutez et soulignez ce que vous entendez. 💿

a. Je sais pas. / Je ne sais pas.

b. Nous n'aimons pas les chiens. /
   Nous n'aimons pas de chiens.

c. C'est pas mes lunettes. /
   Ce ne sont pas mes lunettes.

d. Nous n'avons pas de chats. /
   Nous n'avons pas des chats.

5. Faites des phrases avec *pas de/pas le*.

Exemple : un frère/une sœur

J'ai un frère, mais je n'ai pas de sœur.

a. la radio/la télévision

b. la lettre de Marcel/le paquet de Marcel

c. une carte de bibliothèque/une carte de
   la radio

L'interrogation

6. Reliez.

a. Est-ce que
   c'est toi ?   •   • la vaisselle

b. Qu'est ce
   que tu fais ? •   • Oui, je viens.

c. Est-ce que
   tu viens ?   •   • C'est une surprise !

d. Qu'est ce
   que c'est ?   •   • Oui, c'est moi.

Les possessifs

7. Regardez l'illustration et dites ce qui est à ⟨vous⟩ et ce qui est à ⟨Nadia⟩.

a. C'est mon ....   d. C'est son ....

b. C'est ma ....   e. C'est sa ....

c. Ce sont mes ....   f. Ce sont ses ....

Le présent

8. Lisez et complétez le dialogue.

– Ce soir, je ... *(aller)* au cinéma.
   Et toi, qu'est-ce que tu ... *(faire)* ?

– Moi, je ... *(dîner)* avec Sébastien.

– Sébastien, il ... *(être)* à Paris ?

– Oui, il ... *(travailler)* à côté d'ici.

Toute la classe !

1 Objectifs

- Faire un poster de la classe et des portraits.
- Travailler à plusieurs.

2 Préparation et principe

- Faites des équipes de trois personnes. Votre équipe a un numéro ou bien un nom, si vous préférez.
- Vous disposez de magazines.
- Vous disposez de fiches.

3 Organisation

- Votre professeur vous fait tirer un numéro (dans un sac...), ce numéro représente une autre équipe.
- Vous devez rencontrer cette équipe et apprendre quelque chose sur chacun de ses membres.

4 Réalisation

- Vous devez représenter chaque personne de cette équipe en découpant des photos ou images dans les magazines. Chaque personne doit être constituée de trois images ou photos différentes (au moins).
- Vous rédigez quelques lignes au sujet de cette personne. Ces quelques lignes doivent être très significatives (des mots qui riment, des noms d'objets... un petit texte...).
- Vous écrivez ces lignes sur une fiche. Vous pouvez transformer votre fiche en mail, carte postale...
- Chaque équipe colle ses personnages sur un poster collectif.
- Chaque équipe dépose ses fiches dans une boîte.

5 Présentation

- Chaque équipe pioche trois fiches et les lit à la classe.
- Faites relier les descriptions aux personnages.
- Vous votez : quel est le personnage le plus amusant, le plus proche de la réalité, le plus original ? Quelle est la description la plus drôle, la plus vraie, la plus poétique ?

Une association, « Unicité »

module 2

VOICI VOTRE CONTRAT D'APPRENTISSAGE
dans ce module vous allez apprendre à :

- Se situer dans l'espace
- Se situer dans le temps
- Parler du passé, de l'avenir
- Parler du temps qu'il fait
- Parler de soi
- Parler à quelqu'un

Savoir-faire

- Organiser son récit
- Comprendre/laisser un message sur un répondeur
- Composer une annonce
- Créer un slogan
- Lire/rédiger une enquête

Structures et grammaire

- Le passé composé
- Le passé récent
- Le futur
- L'impératif
- Les indicateurs de temps
- Les prépositions de temps et de lieu
- *Avec* et *sans*
- Les démonstratifs
- L'interrogation
- Les pronoms COD
- Le pronom *y*
- Les pronoms relatifs *qui* et *que*

Contenus socioculturels

- Le calendrier français
- Le milieu associatif
- La ville de Paris
- Le quartier de Belleville

À la fin du module, faites le test dans le cahier d'exercices pour évaluer votre apprentissage.

leçon

Objectifs communicatifs parler du temps qu'il fait, exprimer son mécontentement, exprimer l'approximation, parler d'un événement récent]

7 Quel temps !

DÉCOUVREZ

1. Il fait quel temps ce matin ? Cochez ce que vous entendez. ●●

Il fait beau.   ☐   Il pleut.   ☐   C'est couvert.   ☐   La température est de 3°.   ☐
Il y a du soleil.   Il fait mauvais.   C'est nuageux.   Il fait froid.

Il neige.   ☐   Il y a du vent.   ☐   La température est de 25°.   ☐
                                                            Il fait chaud.

2. Écoutez encore le dialogue et notez le mois et la saison.

PRATIQUEZ

1. Voici les vacances de Nadia. Peut-elle rencontrer
monsieur Soud sur les plages ?

M. Soud

Nadia

2. Reliez les dessins et les mots.

   a. une religieuse

   b. un éclair au café

   c. une baguette bien cuite

   d. un dossier

3. Notez ce qui se mange.

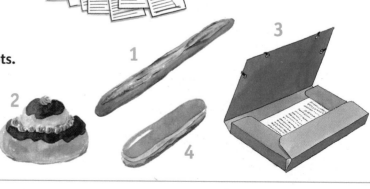

GRAMMAIRE

■ Les démonstratifs

Ce + nom masculin : *Ce client.*
Cette + nom féminin : *Cette fille.*
Ces + nom pluriel : *Ces baguettes.*

Ce devient *cet* devant une voyelle ou un *h* : *Cet éclair au café…*

Les moments de la journée :
Ce matin, cet après-midi, ce soir.

■ Le verbe *sortir* au présent

je sors	nous sortons
tu sors	vous sortez
il/elle sort	ils/elles sortent

■ Le verbe *venir* au présent

je viens	nous venons
tu viens	vous venez
il/elle vient	ils/elles viennent

■ *Venir de* + infinitif

Je viens de rentrer.

1. **Complétez les phrases comme vous voulez.**

a. Je ne viens pas cet … b. Sophie habite dans cette … c. J'aime bien ces … d. Je sors ce …

2. **Regardez les images et dites ce qu'ils viennent de faire ou ce qu'ils vont faire.**

a. Il … manger. b. Elle … téléphoner.
c. Il … boire.

PRONONCEZ

Écoutez et cochez si vous entendez un râleur parler. ◖●

a. Quel temps ! ☐
b. Quel temps ! ☐
c. Les baguettes pas cuites, je déteste ça. ☐
d. Le retour est difficile ! ☐
e. Oh… et puis il fait chaud dans votre boulangerie ! ☐
f. Mmm… cet éclair au café ! ☐
g. Oh ! ☐

COMMUNIQUEZ

◖● Comment dire…

■ Parler du temps qu'il fait
Quel temps fait-il ?
Il fait beau/chaud/froid/20°.
Il pleut. / Il neige.
En/au mois de janvier…
En automne, en hiver, en été, au printemps…

■ Exprimer son mécontentement
C'est terrible.
C'est difficile.
Je déteste ça. Pfff…

■ Exprimer l'approximation
Vers + heure/midi/minuit
Il est + environ + heure/midi/minuit

■ Parler d'un événement récent
Elle vient de sortir.

1. **On est samedi, parlez de votre journée.**

2. **Devinez : quel temps fait-il aujourd'hui ? Choisissez une ville et faites-la deviner à votre voisin(e).**

Paris : 10°	☁ 🌧
Rome : 18°	☀
Florence : 16°	🌤

leçon 7 J'ai trouvé un dossi

DÉCOUVREZ

1. Écoutez le dialogue. Soulignez ce que Nadia fait aujourd'hui. ●●

a. Elle va à la piscine avec Emma.   b. Elle travaille.   c. Elle montre un dossier.

2. Écoutez encore le dialogue. Soulignez ce que Nadia a fait hier. ●●

a. Elle a eu un client pénible.   b. Elle a travaillé.   c. Elle a mangé un gâteau.

d. Elle a nagé à la piscine.   e. Elle a trouvé un dossier.   f. Elle a vu Charles.

er !

PRATIQUEZ

1. Lisez le texte et complétez.

Aujourd'hui (samedi 15 avril), c'est les vacances. Hier ..., j'ai passé des examens. Il y a deux jours ..., j'ai déjeuné avec Bastien. Lundi dernier ..., je n'ai pas entendu mon réveil. J'ai raté mes examens.

2. Écrivez une carte postale à un(e) ami(e) sur le même modèle. Utilisez aujourd'hui, hier, avant-hier, la semaine dernière...

Paris, le 1er avril 2007

Chère Céline,

...

bises

Écoutez et cochez quand vous entendez le son [y]. ◉●

	[y]
a. Monsieur Soud a oublié son scooter.	☐
b. Elles discutent à l'université.	☐
c. Vous avez trouvé sa boutique.	☐
d. Super, il a vu la rue Ballu.	☐
e. Salut, tu as vu Lulu ?	☐

PRONONCEZ

GRAMMAIRE

■ Le passé composé avec *avoir*

Avoir + participe passé

j'ai oublié — nous avons oublié
tu as oublié — vous avez oublié
il/elle a oublié — ils/elles ont oublié

■ Le participe passé

Verbes en *-er* → *-é*
Oubli-*er* → oubli-*é*
Beaucoup de verbes en *-ir* → *-i*
Autres verbes : *-is, -it, -u*

■ La négation

Je n'ai pas aimé.

1. Repérez les participes passés et les infinitifs.

a. lu	e. entendre	i. prendre
b. vu	f. avoir	j. pris
c. faire	g. lire	k. voir
d. eu	h. fait	l. entendu

2. Reliez le participe passé à son infinitif.

3. Écrivez les participes passés des verbes.

a. déjeuner   c. parler   e. aimer
b. manger   d. dormir

4. Complétez avec *avoir, oublier, lire, passer, manger, entendre*.

Hier, monsieur Soud ... une mauvaise journée. Il ... un dossier à la boulangerie. Il n' ... pas ... : « Monsieur, votre dossier ? » Il ... froid. Il ... son journal. Il ... une baguette pas cuite.

COMMUNIQUEZ

◉● **Comment dire...**

■ Raconter des événements au passé

Qu'est-ce que tu as fait ?
J'ai vu Charles.

■ Se situer dans le temps

Aujourd'hui, hier, avant-hier, demain, la semaine dernière, le mois dernier, l'année dernière, l'été dernier, il y a deux jours, il y a un mois, etc.

Aujourd'hui, c'est dimanche.
Racontez ce que vous avez fait hier.
« Qu'est-ce que tu as fait hier ?
— Hier, j'ai... »

Leçon

8 Il reste un mois...

DÉCOUVREZ

1. **Lisez le message trouvé dans le dossier, puis répondez aux questions.**

De :	Robert Mad
À :	Henri Soud
Cc :	
Cci :	
Objet :	Maison Rose / Dossier Triplette

Pièces jointes : *Aucune*

Police par défaut · Taille du texte · G I S T

Henri,

Ce matin, je suis allé à la mairie. J'ai trouvé les informations suivantes :
La maison appartient à madame Sidonie Triplette. Elle est née à Paris en 1925. Ensuite, elle a fait ses études à Paris. En 1946, elle a terminé ses études. Puis, elle a été journaliste pendant 30 ans : elle a beaucoup voyagé. Il y a 12 ans, elle est revenue à Paris. Après, elle est repartie et elle a disparu. Elle n'a pas de famille, pas d'enfant. Aujourd'hui, elle est introuvable. Elle est la seule héritière de cette maison.
Depuis 10 ans, la maison est vide. C'est une chance inespérée…
Tu imagines un immeuble de 10 étages ? Il reste un mois…
Je passe à l'agence cette semaine.
À bientôt,
Robert

[annotations manuscrites : "cannot be found", "building"]

a. Qui est l'expéditeur ? Qui a envoyé le message ? b. Qui est le destinataire de ce mail ? Qui a reçu ce message ? c. Quel est l'objet de ce mail ?

2. **Remettez de l'ordre dans la vie de Sidonie.**

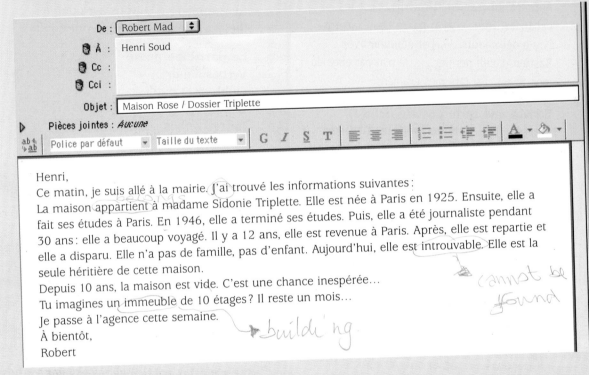

PRATIQUEZ

1. **Inscrivez les événements de la vie de Sidonie (naissance, fin des études, voyages, retour à Paris) dans le temps (dates).**

aujourd'hui
————————→
le 7 avril 2005

2. **Reliez chaque dessin à un mot.**

a. il y a   1. •----------------→ Présent
b. pendant   2. Passé •◄-----------------
c. depuis   3. •◄-----------------•

GRAMMAIRE

PRONONCEZ

■ **Le passé composé avec *être***

Je suis allée.

14 verbes s'utilisent avec *être* :
naître/mourir, passer, retourner
aller/venir, monter/descendre, tomber
entrer/sortir, arriver/partir, rester

■ **Les verbes pronominaux**

Elle s'est levée tôt.

■ **La négation**

Je ne suis pas venue à 10 heures.

■ **L'interrogation au passé composé**

*Tu es venu hier ? Est-ce que tu es venu
hier ? Es-tu venu hier ?*

1. Relevez dans le mail les verbes au
passé composé, puis classez-les en
deux colonnes.

avoir + passé composé	*être* + passé composé
J'ai trouvé…	Je suis allé…

2. Regardez le tableau de l'exercice 1.
Quand faut-il accorder le participe
passé avec le sujet ?

3. Retrouvez l'infinitif des verbes suivants dans le tableau de grammaire.

a. venu   b. sorti   c. allé   d. monté

4. Mettez les verbes au passé composé
et accordez les participes passés.
**Henri Soud lit le mail : qu'est-ce qu'il
dit ?**

« Ah, enfin Robert *(aller)* se renseigner
à la mairie. Alors, il *(passer)* à l'agence la
semaine dernière, ah non, il passe cette
semaine. Elle *(devenir)* journaliste, c'est intéressant. Sidonie Triplette *(disparaître)*, est-ce
qu'elle *(mourir)* ? Quel bruit! Les voisins *(rentrer)*. Ah non! mes clés, elles *(tomber)*! »

5. Complétez avec *depuis, il y a, pendant*.

a. Est-ce que Bastien a téléphoné ? Oui,
il a téléphoné … une heure. b. Emma, tu
as téléphoné à Nadia … une heure !!! Le
téléphone, c'est cher ! c. Raccroche, tu es
au téléphone … une heure !

1. Écoutez et répétez. ◖●

a. recommencer

b. relire

c. refaire

d. repartir

e. revenir

f. reprendre

2. Comment ces verbes sont-ils formés ?

3. Terminez la phrase.

Le préfixe *re-* indique …

COMMUNIQUEZ

◖● Comment dire…

■ **Raconter des événements passés**

Elle est née à Paris.
Elle est revenue hier.
En 2004, le 17 avril 2005…

■ **Organiser son récit**

D'abord… Après… Ensuite…
Puis, enfin…

■ **Situer un point de départ dans
le passé**

Tu es passé quand/il y a combien
de temps ?
Je suis passé il y a deux jours.

■ **Exprimer la durée**

Elle a été journaliste pendant combien
de temps ?
Pendant trente ans.
La maison est vide depuis quand ?
Depuis 1990.
La maison est vide depuis combien
de temps ?
Depuis trente ans.

**Racontez la vie de votre héros
préféré. Organisez votre récit.**

Objectifs communicatifs [suggérer, accepter/
refuser une suggestion]

Pourquoi pas ?

DÉCOUVREZ

1. Regardez la photo et faites des hypothèses.

Qui ? Où ? Quand ?

2. Écoutez le dialogue et vérifiez vos hypothèses. ●●

PRATIQUEZ

1. Lisez le dialogue et cochez vrai, faux, on ne sait pas.

BASTIEN. Oui, le message est très clair, ils veu-lent construire un immeuble de 10 étages...

ANTOINE. Pourquoi pas ?

EMMA. Pourquoi pas, mais ça ne va pas Antoine ? Un immeuble à la place de cette maison ?

ANTOINE. Oui bon, le promoteur fait son travail, non ? Cette Sidonie, qui c'est ?

NADIA. Je vous ai montré la photo ?

BASTIEN. Non, mais on veut bien la voir. Tiens c'est drôle, c'est notre lycée. Le jeune homme à droite ressemble à Marcel Catel. Nadia, Marcel, tu le connais, tu peux l'interroger. Sidonie, il la connaît peut-être.

NADIA. Bon d'accord. Je vais le voir tout de suite. Je vous retrouve ce soir à la radio. Antoine tu ne veux pas récupérer les clés ? Mathilde les a.

ANTOINE. Ah, non je ne peux pas. Elle a cours de math.

EMMA. Cours de math, et toi ? Mathilde est dans ton groupe à la fac, non ?

	Vrai	Faux	On ne sait pas.
a. Antoine est d'accord avec le promoteur.			
b. Sur la photo, c'est leur lycée.			
c. Ils vont construire une maison.			
d. Marcel Catel connaît Sidonie, c'est sûr !			
e. Nadia va voir monsieur Catel.			
f. Nadia veut récupérer les clés du local radio.			
g. Félix et Mathilde ont cours de math.			

2. Repérez puis soulignez dans le dialogue les : *le, l', la, les,* qui ne sont pas des articles.

3. À votre avis, à quoi servent ces mots ?

PRONONCEZ

1. Écoutez et classez les mots dans le tableau.

  a. Il pleure.   **c.** Il a peur.   **e.** C'est mon club.

  b. Il a eu 10 ans.   **d.** Tu as lu?

2. Graphie-Phonie

Le son [y] s'écrit :	Le son [œ] s'écrit :

GRAMMAIRE

■ **Les pronoms compléments d'objet direct**

Pour ne pas répéter un mot, on utilise un pronom.

masculin → *le*

*Tu connais **Marcel**. Tu **le** connais.*

féminin → *la*

*Ils regardent **la photo**. Ils **la** regardent.*

pluriel → *les*

*Mathilde a **les clés**. Mathilde **les** a.*

■ **Les pronoms compléments changent selon les personnes.**

Il **me** raconte.   Il **nous** raconte.

Il **te** raconte.   Il **vous** raconte.

Il **le/la** raconte.   Il **les** raconte.

■ **Devant une voyelle ou *h* muet**

me, te, le, la → *m', t', l'*

1. Complétez.

  a. Félix et Mathilde ? Non, je ne … connais pas.

  b. La radio ? Oui, je … écoute le soir.

  c. Ton adresse e-mail ? Non je ne … connais pas.

  d. Le programme ? Oui, je … veux bien.

2. Reliez : qu'est-ce qu'ils racontent ?

  a. Vous écoutez cette émission ?

  b. Vous attendez le bus ?

  c. Tu attends Bastien et Antoine ?

  d. Tu écoutes ces CD ?

  1. Oui, je l'attends.

  2. Oui, je les attends.

  3. Oui, je les écoute.

  4. Oui, je l'écoute.

COMMUNIQUEZ

◉◉ **Comment dire...**

■ **Suggérer**

Nadia, tu peux l'interroger ?

Nadia, tu ne peux pas l'interroger ?

■ **Accepter une suggestion**

Tiens, c'est une bonne idée.

Bon, d'accord.

Bonne idée.

Pourquoi pas ?

■ **Refuser une suggestion**

Non, ce n'est pas une bonne idée.

Non, je ne veux pas.

Non, je ne peux pas.

Non, ce n'est pas possible.

1. Préparez un dialogue.

Vous voulez inviter vos amis.

Suggérez à vos parents de sortir.

Ils acceptent ou ils refusent.

2. Jouez le dialogue.

leçon

9 Je me souviens…

1. **Lisez le dialogue et remettez-le dans l'ordre à partir de la phrase a.**

MARCEL CATEL. Alors cette photo, Nadia, tu me la <u>montres</u>?

NADIA. Oui, bien sûr.

a. NADIA. Oh! elle habite <u>loin</u>. Mais elle a une adresse électronique.

b. MARCEL CATEL. Je vais écrire la lettre.

c. MARCEL CATEL. Oui, c'est bien moi. Je me <u>sou</u>-<u>viens</u> très bien de ce jour-là. Là, c'est Sidney un vieil ami et puis là, c'est Sidonie. Le jour où je l'ai rencontrée, ma vie a <u>changé</u>. Je ne peux pas te dire pourquoi. Qu'est-ce que tu veux savoir?

d. NADIA. Alors Sidonie, vous la <u>connaissez</u>. Marcel, la maison rose, rue des Rigoles… Eh bien, elle appartient à Sidonie et elle ne le sait pas. Vous avez des nouvelles? Vous connaissez son adresse?

e. NADIA. Je peux l'<u>envoyer</u> cet après-midi.

f. MARCEL CATEL. Son adresse, oui je l'ai. Tu attends une minute. Tiens, tu peux lire? Je sais lire mais sans mes lunettes, je ne peux pas.

2. **Écoutez pour vérifier.** ◉●

1. **À deux, jouez le dialogue.**

2. **Associez les questions et les réponses (attention, il y a plusieurs possibilités).**

a. Tu as des nouvelles de Sylvie? •   • 1. Oui, elle a eu son bac!

b. Tu connais la nouvelle? •   • 2. Oui, c'est terrible! Quelle catastrophe écologique!

c. Tu as écouté les nouvelles à la radio? •   • 3. Oui, elle est sympa, elle s'appelle Mathilde.

    • 4. Oui, elle va bien.

3. **Écoutez et cochez.** ◉●

	temps précis	temps imprécis
a.		
b.		
c.		
d.		

GRAMMAIRE

■ **Le passé composé : la négation**
Vous avez déjeuné.
*Vous n'avez **pas** déjeuné.*

ne + auxiliaire + *pas* + participe passé

■ ***Connaître* et *savoir***

Connaître + nom
Je connais son adresse.
Je connais Marcel.

Savoir + verbe
Je sais lire.

■ **Le pronom relatif *où* remplace un complément de temps ou de lieu**
Le jour où je l'ai rencontrée, ma vie a changé.
C'est la ville où elle habite.

1. **Écrivez ce que vous n'avez pas fait la semaine dernière.**
  a. Faire les courses.
  b. Escalader le mont Blanc.
  c. Dîner avec le président.
  d. Aller sur la lune.

2. **Classez ce que vous connaissez et ce que vous savez.**
  a. Lire.   e. Parler français.
  b. Nager.   f. Son frère.
  c. Le programme.   g. Faire du vélo.
  d. La France.

Je sais…	Je connais…
…	…
…	…

3. **Complétez la liste comme vous voulez.**

4. **Lisez les phrases et soulignez le mot remplacé par *où*.**
  a. L'année où j'ai passé mon bac, j'ai réussi mon permis de conduire.
  b. Le jour où tu es née, j'ai déménagé.
  c. Les mois de juillet et août sont les mois où on ne travaille pas.

PRONONCEZ

DICTÉE

Écoutez et écrivez. 🔘

COMMUNIQUEZ

🔘 Comment dire…

■ **Dire ce qu'on sait faire/ce qu'on ne sait pas faire**
Je sais lire = j'ai appris.
Je ne sais pas nager = je n'ai pas appris.

■ **Dire ce qu'on connaît/ce qu'on ne connaît pas**
Je ne connais pas ton amie.

■ **Se souvenir**
Je me souviens de…

■ **Attention !**
Ce matin = aujourd'hui.
Ce matin-là = un matin dans le passé.

Racontez votre meilleur souvenir.

Objectifs communicatifs dire qu'on entend mal, chercher ses mots, se situer dans le temps (2)

9 J'ai reçu un truc…

DÉCOUVREZ

1. **Écoutez le dialogue et cochez les noms des pays que vous entendez.** ◉◉

a. L'Allemagne. ☐	e. L'Espagne. ☐	i. Le Mexique. ☐	m. L'Inde. ☐
b. La Belgique. ☐	f. Le Portugal. ☐	j. Le Vietnam. ☐	n. Les Antilles. ☐
c. La Pologne. ☐	g. La Grèce. ☐	k. Le Japon. ☐	o. L'Égypte. ☐
d. L'Italie. ☐	h. La Turquie. ☐	l. L'Australie. ☐	p. La Suisse. ☐

2. **Placez sur la carte les voyages de Sidonie.**

PRATIQUEZ

1. **Écoutez encore et cochez vrai ou faux.** ◉◉

	Vrai	Faux
a. Nadia entend mal.	☐	☐
b. Sidonie a vécu en Australie pendant quatre ans.	☐	☐
c. Elle a vécu au Vietnam pendant deux ans.	☐	☐
d. Aujourd'hui, elle vit en Inde.	☐	☐
e. Elle donne la maison à Marcel.	☐	☐
f. Sidonie invite Marcel.	☐	☐

2. **Lisez l'histoire de Huan.**

Aujourd'hui (le 10 juillet), Huan est arrivée à Paris. La veille (le 9 juillet), elle a quitté Shanghai, sa ville, ses parents et ses amis. Le lendemain de son arrivée (le 11), elle est allée s'inscrire à l'université. Dans une semaine (dans 8 jours), elle part à Toulouse en vacances.

3. **Complétez en employant *la veille, le lendemain, aujourd'hui* et ajoutez la date.**

a. …

b. …

c. …

4. **Complétez avec *carte, Bastien*.**

a. J'ai reçu un message de machin, tu sais euh… de … .

b. Tu as la chose, la … pour voir où on est ?

GRAMMAIRE

Les prépositions + noms de pays/noms de ville

à + ville
Elle est née à Londres.

en + pays féminin
J'habite en Allemagne.

au + pays masculin
J'habite au Portugal.

aux + pays pluriel
Je vis aux États-Unis.

1. Regardez la carte.
Corrigez les erreurs.

2. Faites des phrases selon le modèle :
Londres n'est pas en France, c'est en...

3. Complétez.
a. Le musée Guggenheim est ... Bilbao ... Espagne. b. La Cité interdite est ... Beijing ... Chine. c. Le musée du Louvre est ... Paris ... France.

PRONONCEZ

Écoutez le dialogue puis jouez-le avec votre voisin(e). 🔊

— Allô, Marcel ?
— Allô, allô ?
— Marcel vous m'entendez ?
— Allô, allô, qui est à l'appareil ?
  Je vous entends mal.

— Marcel ! C'est Nadia !
— Ah ! Nadia ! Bonjour !
— Marcel, j'ai reçu un truc... un machin euh...
  un message de Sidonie !
— Un mail ! Tu veux bien le lire ?
— Oui, vous écoutez bien alors...

COMMUNIQUEZ

🔊 Comment dire...

■ **Chercher ses mots**
Tu sais le machin/le truc/la chose/
le bidule...
Tu sais machin/machine... comment il/elle
s'appelle ?

■ **Dire qu'on entend mal**
Je n'ai pas entendu.
Qu'est-ce que tu dis ?
Est-ce que tu peux répéter ?

■ **Se situer dans le temps**
La veille, le lendemain, le jour où...
Dans une semaine (= dans huit jours).
Dans deux semaines (= dans quinze jours).

1. Préparez un dialogue.
Un ami vous téléphone de loin, vous
l'entendez mal, vous ne comprenez pas
de qui ou de quoi il parle.

2. Jouez la scène.

COMPRENDRE

ÉCOUTER

1. Écoutez le bulletin météorologique. Complétez la carte de France avec les symboles. Notez les températures. ◉◉

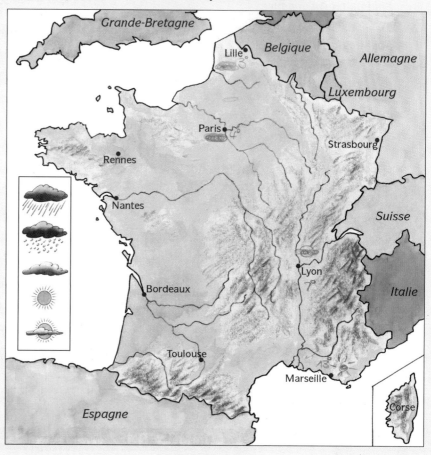

2. Écoutez, puis cochez ou complétez. ◉◉

Annonce 1

a. Nom de l'annonceur : Marc ... . ROllO

b. Il a perdu : son scooter ☐   sa sœur ☐   une robe de mariée ☑

c. Vous pouvez le contacter au : 06 23

Annonce 2

a. Nom de l'annonceur : Rémi ... .

b. Il a perdu : madame Nitouche ☐   son chien ☐   son chat ☑

Annonce 3

a. Nom de l'annonceur : Léa ... . POZO

b. Elle recherche : un clown ☐   un appartement ☑

c. Elle est arrivée à Paris : la semaine dernière ☐   il y a deux mois ☑

d. Son numéro de téléphone : 06 78

LIRE

3. Lisez le mail.

ab↕ab	Police par défaut ▼	Taille du texte ▼	G I S T	≡ ≡ ≡	☷ ☷ ☶ ☶	A ▾ · ◈ ▾

Kotor, le 5 octobre 2004

Madame,

Vous êtes spécialiste des voyous en France. Je voudrais passer mes vacances (du mercredi 7 au mercredi 21 avril) dans ce pays cet anniversaire. Je voyage seule, j'aime les promenades et la campagne, j'ai besoin de calmant. Je veux être près de la mère, j'aime le bateau et les visites de monuments.

L'année dernière, j'ai passé une semaine à Lille, j'ai adoré !!

J'attends vos professions.

Meilleures salutations,

Madame Panique

a. Soulignez les erreurs.

b. Recopiez en remplaçant les erreurs par : calme, voyages, propositions, année, mer.

c. À votre avis, quels sont les éléments de ce mail qu'on ne peut pas utiliser dans une lettre amicale ?

ÉCRIRE

4. Écrivez un mail à un(e) ami(e) pour lui dire ce que vous aimez faire pendant les vacances.

5. Écrivez à votre grand-mère. Quelles formules d'appel et de politesse pouvez-vous utiliser ?

6. Écrivez à votre cousin(e). Quelles formules pouvez-vous utiliser ?

PARLER

1. Préférez-vous voyager ou bien rester chez vous ? Pourquoi ?

2. Quelle est la saison que vous préférez ? Pourquoi ?

3. Vous faites le tour du monde. Dans quels pays choisissez-vous d'aller ? Pourquoi ?

DEUX PAR DEUX

4. Au téléphone, racontez votre dernier voyage à un(e) ami(e). Vous n'êtes pas très content(e). Votre ami(e) vous pose des questions.

5. Suggérez à un(e) amie une sortie. Votre ami(e) refuse.

6. Racontez à votre ami(e) un souvenir drôle ou amusant.

civilisation

Connaissez-vous Paris ?

1 Observez le plan de Paris : quels lieux touristiques connaissez-vous ?

2 À votre avis, pourquoi certains lieux sont en rouge et les autres en bleu ? Faites des hypothèses.

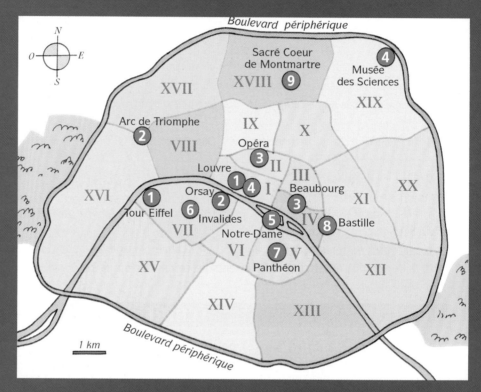

3 Observez le plan et complétez les phrases.
a. Paris est divisé en ... parties.
b. Ces parties s'appellent des ....
c. Ils sont disposés en forme d'... (un petit animal).
d. Le périphérique fait ... kilomètres.

Où se trouve ce quartier, ce monument, ce musée ?

4 **Jeu de rôles**
Vous êtes un visiteur étranger et votre voisin est un ami parisien. Vous discutez de la situation géographique d'un quartier, d'un monument ou d'un musée dans Paris.

— Belleville, c'est au sud ou au nord de Paris ?

— Belleville, c'est un quartier situé à l'est de Paris, au nord-est plus exactement, c'est dans le XXe arrondissement, je crois…

UNE CROISIÈRE À PARIS

Promenade en bateau

1 Observez le document et cochez vrai ou faux.

	Vrai	Faux
a. Il s'agit d'une promenade à vélo.	☐	☐
b. On peut faire le parcours dans les deux sens.	☐	☐
c. C'est un voyage dans l'histoire de Paris.	☐	☐
d. Le canal est longé par des arbres.	☐	☐

2 **Jeu de rôles**

Vous avez fait la promenade sur le canal Saint-Martin. Vous téléphonez à votre ami(e) pour lui raconter.

Croisière du vieux Paris
le canal Saint-Martin

Du Parc de la Villette au Port de l'Arsenal ou inversement

Du parc de la Villette (la Cité des Sciences, la Géode, le Zénith) jusqu'au port de plaisance de Paris-Arsenal (Opéra Bastille), vous découvrirez ce canal rythmé par le passage des écluses, bordé de platanes et de marronniers, enjambé par de romantiques passerelles. Durant cette croisière, le passé et le présent de plusieurs quartiers se confondent pour former de passionnantes pages d'histoire, d'un Paris insolite et mystérieux, qui vous sont racontées au fil de l'eau.

Prix : 10 euros.
Départ : 9 h 45 et 14 h 30, port de l'Arsenal, en face du 50, bd de la Bastille (12ᵉ),

Métro Bastille, arrivée : Parc de la Villette.

DES PHOTOS À PARIS

1 Faites la liste des lieux que vous aimeriez photographier à Paris.

2 À partir de cette liste, imaginez une croisière en bateau, une promenade en bus ou à pied (ou autre). Écrivez un petit texte pour présenter vos idées (lieu de départ, arrêts, prix, itinéraire...). Vous pouvez changer de moyen de transport pendant la promenade. Expliquez quelles photos vous avez prises.

leçon

10 La maison du quar

DÉCOUVREZ

PRATIQUEZ

1. **Écoutez et notez dans quel ordre les phrases sont prononcées.** ◖●
 a. J'ai cours toute la journée.
 b. Allô, c'est Bastien, tu connais la nouvelle, Marcel Catel donne la maison aux jeunes du quartier.
 c. Bonjour, vous êtes bien au 01 43 45 76 21, nous ne sommes pas là pour le moment, mais vous pouvez laisser votre message après le bip sonore.
 d Rappelle-moi au 01 54 67 88 99 après 19 heures.

2. **Lisez le texte à voix haute.**

3. **Écoutez les annonces et associez chacune à un dessin.** ◖●

1. **Écoutez le message et cochez la bonne réponse.** ◖●
 C'est :
 – un message sur un répondeur. ☐
 – un message à la radio. ☐

2. **Écoutez encore et cochez ce que vous entendez.** ◖●
 a. Vous écoutez attentivement ce message. ☐
 b. Écoutez attentivement ce message. ☐
 c. Vous envoyez vos projets. ☐
 d. Envoyez vos projets. ☐
 e. Vous venez créer votre association. ☐
 f. Venez créer votre association. ☐
 g. Pour d'autres informations, appelez le... ☐

4. **Écoutez et notez : annonce ou message ?** ◖●
 a. ...   b. ...   c. ...   d. ...

tier

GRAMMAIRE

L'impératif affirmatif

Écoute!	Viens!
Écoutons!	Venez!
Écoutez!	
Envoie!	Appelle!
Envoyons!	Appelons!
Envoyez!	Appelez!
Sois!	Va!
Soyons!	Allons!
Soyez!	Allez!

Écoute-moi.
Me, *te* deviennent *moi*, *toi*.

2. **Écrivez un slogan publicitaire.**

3. **Écoutez et notez l'infinitif des verbes.**
👁👁

a. …   b. …   c. …   d. …

PRONONCEZ

Répétez les phrases avec l'intonation. 👁👁

a. Je n'ai pas envie de me lever. Allez, lève-toi!

b. Je ne veux pas téléphoner. Allez, appelle!

c. Je n'ai pas envie de venir. Allez, viens!

d. Je n'ai pas faim. Allez, mange!

1. **Soulignez l'impératif de cette publicité.**

Emportez-le partout!

COMMUNIQUEZ

👁👁 Comment dire…

■ **Laisser un message sur un répondeur**
Bonjour, c'est…
Nous sommes le 23 septembre…
On est lundi…
Rappelle-moi au…

■ **Créer un slogan**
Emmenez-le partout!

■ **Composer une annonce**
Bonjour, vous êtes bien au…
vous pouvez laisser votre message
après le signal sonore.

■ **Encourager quelqu'un**
Allez, viens!

■ **Donner un ordre**
Venez à la réunion!
Envoyez vos projets!

1. **Composez une annonce pour votre répondeur.**
Votre voisin vous téléphone et vous laisse un message.

2. **Écrivez un slogan pour un produit.**
Faites deviner à vos voisins quel est ce produit.

expliquer où se trouve un lieu, demander son chemin, s'assurer qu'on a compris, demander si on a compris]

leçon 10 C'est où ?

DÉCOUVREZ

1. Lisez.

Les ordinaux

1er/1ère : premier/première
2e : deuxième
3e : troisième
4e : quatrième
5e : cinquième…
9e : neuvième
dernier

2. Écoutez et cochez. ●●

	1er	2e	3e	4e	5e	6e
Catel						
Gatepin						
Colin						
Cheki						

3. Observez et faites une phrase pour chaque dessin.

Tourner

Aller tout droit

Au coin de

Loin de

Passer devant

Près de

PRATIQUEZ

Écoutez et repérez quel est le bon chemin. Le vert ou le rouge ? ●●

GRAMMAIRE

■ Impératif négatif
Ne tourne pas à droite.
Ne tournons pas à droite.
Ne tournez pas à droite.

■ Place des pronoms → devant le verbe
Ne me regarde pas. Ne les prends pas.

■ Le pronom *y*
Y remplace un nom de lieu.
Tu vas à la pharmacie ?
Oui, j'y vais. / Non, je n'y vais pas.
J'habite à Florence. J'y suis née.

Place de *y* avec l'impératif
Vas-y !   Allons-y !   Allez-y !
N'y va pas !   N'y allons pas !   N'y allez pas !

PRONONCEZ

1. **Répétez de plus en plus vite.** ●● ●
  a. C'est le pépé de papa.
  b. C'est le bobo du bébé.
  c. C'est le tutu de tonton.
  d. C'est le boa de Béa.

2. **Écoutez et notez si vous entendez [p], [b] ou les deux.** ●● ●
  a. Où est le bidule ? b. Papy papote et papillonne. c. Le baobab pousse bien.
  d. Voici le Jardin des papilles et des papillons.

[p]	[b]
…	…

1. **Répondez aux questions.**
  a. Tu vas à la pharmacie ?
     Non, ….
  b. Tu vas au cinéma ce soir ?
     Oui, ….

2. **Mettez les mots dans l'ordre pour faire des phrases.**
  a. ne / , / non / pars / ! / pas
  b. non / , / droite / . / tournez / ne / pas / à
  c. la / . / traversez / ne / pas / rue
  d. gauche / la / c' / rue / est / première / à / .

COMMUNIQUEZ

●● ● Comment dire…

■ Expliquer où se trouve un lieu
Tournez à gauche…
Passez devant…

■ Demander son chemin
Excusez-moi, madame/monsieur,
pour aller à/au…
S'il vous plaît, je cherche…
Où se trouve la gare ?

■ S'assurer qu'on a compris
Je vais à droite, c'est bien ça ?
C'est la troisième à gauche, n'est-ce pas ?

■ Demander si on a compris
Vous avez compris ?
Tu as compris ?
C'est clair ?

Écoutez le dialogue et dessinez le chemin sur le plan. ●● ●

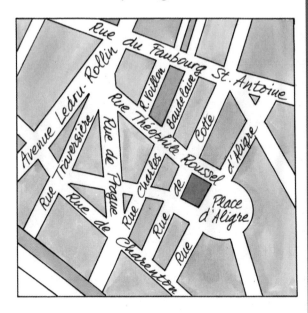

leçon

11 Bastien enquête...

DÉCOUVREZ

Aidez Bastien à préparer son questionnaire : « Que pensez-vous de votre quartier ? »

1. **Lisez les questions.**

2. **Choisissez des questions et écrivez le questionnaire.**

a. Est-ce que vous voulez bien répondre à une enquête ?

b. Qui êtes-vous ?

c. Quel âge avez-vous ?

d. Vous avez entre 15 et 25 ans, 26 et 35 ans, moins de 60 ans ou plus de 60 ans ?

e. Vous habitez dans le quartier ?

f. Comment allez-vous ?

g. Qu'est-ce que vous aimez dans votre quartier ?

	Beaucoup	Un peu	Pas du tout
Les jardins			
L'ambiance			
Les commerces			
Les activités culturelles			

h. Avez-vous des suggestions pour améliorer la vie de votre quartier ?

i. Qu'est-ce que vous faites ici ?

j. Pourquoi est-ce que vous aimez votre quartier ?

PRATIQUEZ

1. **Écoutez puis complétez le tableau (Découvrez, question g.).** ◕◕

2. **Lisez le texte pour vérifier vos réponses.**

Dans mon quartier, oui, j'aime beaucoup les jardins. Le parc de Belleville, par exemple, est superbe. L'ambiance ? Oui, l'ambiance est très bonne. Je mets une croix à « beaucoup ». Les commerces... Un peu... Les activités culturelles ? Oui, j'aime beaucoup sortir. Vous connaissez Le Zèbre ? C'est unique à Paris.

3. **Lisez les réponses et retrouvez les questions (Découvrez, questionnaire).**

a. J'ai 16 ans, donc entre 15 et 25 ans.

b. Pour améliorer la vie de mon quartier, j'aimerais aider les autres, par exemple moi je sais bricoler.

c. Désolé, mais je n'ai pas le temps.

d. Oui, j'habite dans le quartier et depuis longtemps.

e. Non, je n'habite pas le quartier.

GRAMMAIRE

L'interrogation

L'interrogation porte sur toute la phrase (réponse simple *oui/non*).

Est-ce que…? *Est-ce que tu viens?*

Intonation montante: *Tu viens?*

Inversion du sujet: *Venez-vous?* (Surtout à l'écrit et avec *vous*.)

L'interrogation porte sur une partie de la phrase (réponse par *oui* ou par *non* impossible).
Comment, *pourquoi*, *quand*, *où*, *qui* (personne), *que* (chose)

Mot interrogatif + verbe + sujet
(inversion): *Quand viens-tu? Qui attends-tu? Que fais-tu?*

Mot interrogatif + *est-ce que* + sujet + verbe (pas d'inversion): *Qu'est-ce que tu fais?/Quand est-ce que tu viens?*

Sujet + verbe + *quand, où, comment, pourquoi* (familier):
Tu t'appelles comment?

Quel(s)/quelle(s) s'accordent avec le nom.
Quelle est ton adresse? Quel est ton nom?

1. **Soulignez les mots interrogatifs des phrases du questionnaire (page 78).**

2. **Pour chaque question, relevez les marques de l'interrogation.**

3. **Imaginez les questions.**
   a. Oui.   d. Demain.
   b. Non.   e. 20 ans.
   c. À Rome.

4. **Posez autrement les questions.**
   a. Est-ce que ça va? b. Tu viens quand?
   c. Tu m'appelles pourquoi? d. Qu'est-ce que tu fais?

PRONONCEZ

Écoutez et mettez la ponctuation. 👂👂
a. Ça fume …   Ça fume …   Ça fume …
b. Ça va …   Ça va …   Ça va …
c. Encore …   Encore …   Encore …
d. Oui …   Oui …   Oui …

COMMUNIQUEZ

👂👂 Comment dire…

■ **Interroger quelqu'un**
Pourquoi aimez-vous votre quartier?

■ **Exprimer le degré**
Un peu.
Beaucoup.
Pas du tout.
C'est bien.
C'est assez bien.
C'est nul!

1. **Rédigez une enquête sur le thème de votre choix.**

2. **Interrogez vos voisins.**

3. **Présentez les résultats à la classe.**

leçon 11

« Unicité »

DÉCOUVREZ

« UNICITÉ »

Une association qui regroupe quinze jeunes du quartier vient d'ouvrir ses portes. Nous avons rencontré deux membres de l'association : Mathilde Bonnard, qui est la présidente, et Bastien Ballèze, qui est le trésorier. Ils expliquent : « Nous avons mené une enquête dans la rue. Voici les commentaires des habitants : J'habite dans une rue qui est bruyante. Il faut agir. Je vis dans une rue qui est triste. Il faut décorer les murs, mettre des couleurs… Les jeunes que je connais veulent changer les choses. Les jeunes qui habitent dans le quartier veulent s'engager… Alors, nous avons créé « Unicité ». »

Unicité propose aux 15-25 ans de participer à des actions pour améliorer la vie de leur quartier.

1. Lisez le document.

2. Identifiez le document. Cochez la bonne réponse.

a. Une lettre. ☐
b. Un mail. ☐
c. Un article. ☐
d. Une publicité. ☐

3. Trouvez dans le document un mot de la même famille que :

a. commenter :
b. un bruit :
c. associer :
d. une amélioration :
e. agir :

PRATIQUEZ

1. **Trouvez dans le texte les phrases de même sens et notez-les.**

a. J'habite une rue. Cette rue est bruyante.

b. Je vis dans une rue. Cette rue est triste.

c. Je connais des jeunes. Ils veulent changer les choses.

d. Ces jeunes habitent dans le quartier. Ils veulent s'engager.

2. **Soulignez les mots repris par *qui* et *que*.**

a. C'est une chanson que j'aime.

b. La fille qui travaille s'appelle Mathilde.

c. L'homme que j'aime habite ici.

d. L'émission qui m'intéresse est à 16 heures.

GRAMMAIRE

■ **Les pronoms relatifs *qui* et *que***

Qui reprend le sujet

J'aime les films qui font peur.
J'aime les gens qui sont drôles.

Que reprend le COD

Le film que je préfère vient de sortir.
La femme que je préfère vient de partir.

⚠ **Attention à l'élision avec *que* !**

La femme qu'il aime s'appelle Marinette.
Le film qu'il a vu est génial.

PRONONCEZ

1. **Cochez ce que vous entendez.** ◖●

	[ʀ]	[l]
a.		
b.		
c.		
d.		
e.		
f.		

2. **Écoutez et répétez.** ◖●

a. Un gros ballon rond.

b. Un baron blond.

c. On lit puis on va au lit.

d. On rit et on rigole.

Complétez.

a. Le réalisateur … je préfère est à Cannes.

b. Le dossier … j'ai perdu est jaune.

c. La personne … accompagne le groupe est jeune.

d. La voiture … est garée dans le parking est à moi.

COMMUNIQUEZ

◖● **Comment dire...**

■ **Dire ce qu'on veut faire**

Je veux changer le monde.
J'ai l'intention de voyager.
J'ai envie de m'engager.

■ **Exprimer l'obligation**

Il faut agir.

1. **Faites une liste de toutes vos obligations (au lycée, chez vous, dans votre quartier, dans le monde...).**

2. **Faites la liste de ce que vous avez envie de faire ou de changer (au lycée, chez vous, dans votre quartier, dans le monde...). Comparez avec votre voisin.**

Leçon 12 Je serai volontaire !

DÉCOUVREZ

1. **Écoutez le dialogue.** 🔊🔊

2. **Écoutez encore le dialogue. Cochez dans le tableau «Qui dit quoi ? ».** 🔊🔊

	Martine Colin	Emma Colin
a. Qu'est-ce que tu vas faire ?		
b. Je serai volontaire.		
c. C'est bientôt les vacances !		
d. Il sera là ce soir.		
e. Tu feras quoi ?		
f. Je collecterai des livres.		

3. **Vrai ou faux ? Cochez la bonne case.**

	Vrai	Faux
a. Madame Colin et sa fille discutent.	☐	☐
b. Madame Colin et Emma se disputent.	☐	☐
c. Emma est en vacances.	☐	☐
d. Emma va se reposer puis elle sera volontaire.	☐	☐
e. Madame Colin collectera des livres pour les enfants.	☐	☐
f. Antoine n'a pas de projet.	☐	☐

PRATIQUEZ

1. **Lisez les phrases.**

   a. Demain, je dînerai avec Bastien.

   b. Ce soir, je rentre à minuit.

   c. Dans un an, je rentrerai à Paris.

   d. Je suis à Paris bientôt.

   e. Demain, elle partira en vacances.

2. **Soulignez dans les phrases de l'exercice 1 ce qui est nouveau pour vous (temps et indicateurs de temps).**

GRAMMAIRE

■ Le futur

Infinitif + *-ai, -as, -a, -ons, -ez, -ont*

je trouverai	nous trouverons
tu trouveras	vous trouverez
il/elle trouvera	ils/elles trouveront

Verbes irréguliers

Avoir : j'aurai…	Aller : j'irai
Être : je serai	Venir : je viendrai
Faire : je ferai	Voir : je verrai

■ Les indicateurs de temps qui expriment le futur

Tout de suite.
Bientôt.
Demain, après-demain.
Dans un jour, dans deux jours,
dans une semaine, dans un an…
La semaine prochaine, le mois prochain…
Ce soir, cet après-midi.
Plus tard.

1. Lisez la carte postale et corrigez les verbes soulignés.

Chère Mathilde,
<u>J'arriverai</u> hier à Toulouse.
Demain, <u>j'ai visité</u> la ville.
Je <u>penser</u> à toi. Après-
demain, <u>je partir</u> en
Espagne. Je suis content
de visiter ce pays que <u>je ne</u>
<u>connaître pas</u>.
Bises,
Laurent.

Mathilde Ndata
32, rue de Ménilmontant
75020 PARIS

2. Complétez.

a. Mon anniversaire, ce n'est pas aujourd'hui, c'est … b. Je suis en vacances cette semaine, mais la … je rentre. c. …, on dînera ensemble !

PRONONCEZ

DICTÉE

1. Écoutez et complétez.

a. …, je … loin. b. Tu … mauvais temps.
c. …, il … beau. d. À … .

2. Répétez de plus en plus vite.

a. Robert verra Véra. b. Norbert te retrouvera à Rome. c. Rire reste rare.

COMMUNIQUEZ

Comment dire…

■ Faire des projets

D'abord, je vais me reposer et ensuite je serai volontaire.
D'abord… et ensuite/puis/et après…

■ Se situer dans le temps

C'est bientôt les vacances.
Je commencerai la semaine prochaine.

1. Parlez de vos projets à votre voisin(e) (ce soir, dans un an…).

2. Observez et dites quels sont les projets des personnages. Cherchez dans un dictionnaire les mots nécessaires.

leçon 12 Un billet d'avion !

DÉCOUVREZ

UNICITÉ
programme des actions

- **Lecture aux enfants.**
  ➔ Nous recherchons 5 volontaires.

- **Initiation informatique pour les réfugiés.**
  ➔ Nous recherchons 3 volontaires.

- **Lutte contre l'illettrisme.**
  ➔ Nous recherchons 3 volontaires.

- **Réalisation d'une fresque.**
  ➔ Nous recherchons 5 volontaires.

Collecte d'argent
pour un billet aller-retour
Paris-Bombay.

Inscrivez-vous !
Pour obtenir un rendez-vous, téléphonez au 01 43 65 78 99

1. Lisez le programme.

2. Écoutez le dialogue. ●●

3. Lisez à nouveau le programme et barrez ce que Nadia ne peut pas annoncer à la radio.

PRATIQUEZ

1. **Lisez les définitions suivantes, retrouvez dans le programme les mots correspondants. Notez-les.**

   a. Œuvre peinte directement sur un mur :

   b. État d'une personne adulte qui n'arrive pas à lire un texte même simple :

   c. Personne qui a fui son pays pour échapper à un danger :

2. **Regardez les dessins et notez le choix de chacun.**

GRAMMAIRE

■ **Préposition de temps**
Dans + indication de temps
indique un moment dans le futur,
un point de départ, dans le futur.
Elle sera à Paris dans deux jours.

Attention !

Dans une semaine
= la semaine prochaine.

Dans la semaine
= cette semaine.

■ ***Quand* + verbe au futur**
Quand je serai en vacances,
je me reposerai.

■ **Prépositions *avec* et *sans***
Avec + *un, une, des/moi, toi…*
Avec un billet, elle peut partir.
Elle veut partir avec toi.
Sans + *nom/toi, moi…*
Sans billet, elle ne peut pas partir.
Elle veut partir sans toi.

1. **Complétez les phrases.**
Utilisez *avec* ou *sans*.
   a. Elle est venue … son sac mais …
      ses clés.
   b. … lunettes, il ne peut pas lire.
   c. Je peux payer … ma carte.
   d. … argent, on ne peut pas acheter
      de billet.
   e. … un billet d'avion pour l'Inde,
      il pourra retrouver Sidonie.

2. **Complétez comme vous voulez.**
   a. Quand il sera là, …
   b. Quand tu auras le temps, …
   c. Quand elle voudra, …
   d. Quand il fera beau, …

3. **Complétez comme vous voulez.**
   a. Dans …, on se retrouve au café.
   b. Dans …, on sera étudiant.
   c. Dans …, je vais à la Cigale.

PRONONCEZ

1. **Écoutez et cochez.** ●●

	Présent	Futur
a.		
b.		
c.		
d.		
e.		

2. **Écoutez à nouveau et répétez.** ●●

COMMUNIQUEZ

●● Comment dire…

■ **Parler de l'avenir**
Quand tu pourras, tu me donneras
le programme.

■ **Se situer dans le temps**
Je rentre dans la semaine.
Dans un mois, je serai à Bombay.

1. **Vous parlez de l'avenir.**
   Dans 10 ans …
   Quand j'aurai 30 ans …

2. **Discussion : est-ce que vous préféreriez
   vivre dans le futur ou dans le passé ?**

COMPRENDRE

ÉCOUTER

1. Écoutez et notez l'itinéraire que Cécile propose à Thomas. ◉◉

2. À quelle station Thomas devait-il descendre ?

LIRE

3. Lisez l'enquête.

Enquête auprès des 15-25 ans :

« Ce que les jeunes étrangers disent des Français »

Robert, 25 ans, polonais. Travaille à Eurodisney près de Paris.

« J'adore la France et la culture française. Ici, les gens de mon âge ne connaissent pas mon pays. Ça m'a déçu. Beaucoup de jeunes sont renfermés. À Paris, les gens sont pressés et intéressés. Les gens aiment sortir et s'amuser, et ça, j'aime bien. J'aime le mot : *tranquille*… prononcé avec l'accent du Sud. »

Mari, 17 ans, norvégienne. Élève au lycée Édouard-Herriot, à Lyon.

« Les Français de mon âge sont un peu rudes. D'abord, ils sont très francs. L'autre jour, on m'a dit : " Je n'aime pas ta ceinture. " Comme ça. Ensuite, ils sont indiscrets, ils aiment bien poser des questions sur votre vie amoureuse. J'aime la langue française qui est très précise et très belle. Les gens prennent le temps de refaire le monde et de discuter. Ça, c'est super ! »

Karin, 21 ans, autrichienne. Jeune fille au pair à Paris.

« Je suis venue à Paris pour le français. J'adore les mots *sublime* et *magnifique*, tous les adjectifs positifs. J'aime les terrasses de café, les comédies françaises. Les gens sont très proches de leur famille, c'est bien, je pense. Les Parisiens ne sont pas ouverts, ils se dépêchent tout le temps. »

Francesca, 23 ans, italienne. Étudiante à l'école des Beaux-Arts de Toulouse.

« Ici les gens de mon âge sont très libres. Ce qui me plaît, chez les Français, c'est qu'ils s'engagent. Ils ne sont pas d'accord ? Alors, ils le disent. J'adore la phrase : " J'adorrre… " C'est musical ! Les gens ne sont pas très chaleureux. »

(d'après Phosphore, n° 265, juillet 2003).

4. Complétez le tableau.

	D'où vient-il/ elle ?	Qu'est-ce qu'il/ elle fait en France ?	Relevez une phrase positive sur les Français.	Relevez une phrase négative sur les Français.
Robert				
Mari				
Karin				
Francesca				

5. Soulignez les qualités évoquées par les jeunes de l'enquête :
l'ouverture d'esprit, la gentillesse, la discrétion, la franchise, l'intelligence.

6. Soulignez les défauts évoqués par les jeunes de l'enquête :
la bêtise, l'indifférence, l'impatience.

ÉCRIRE

7. Vous êtes au pair dans une famille française.
Écrivez un mail à un(e) ami(e) pour lui donner vos impressions.

8. Vous laissez un mot à votre sœur pour lui dire de rappeler sa meilleure amie qui vient de téléphoner.

PARLER

1. À votre avis, comment les jeunes étrangers qui étudient dans votre pays vous perçoivent-ils ?

DEUX PAR DEUX

2. Vous êtes au lycée, à l'université ou au pair en France. Vous téléphonez à vos parents pour leur dire ce que vous pensez des Français.

LE QUARTIER DE BELLEVILLE

Vous connaissez Belleville ?

1 Observez ces photos. Qu'est-ce que c'est ?

rue de Belleville

rue Ramponneau

parc de Belleville

2 Placez les photos sur le plan du quartier.

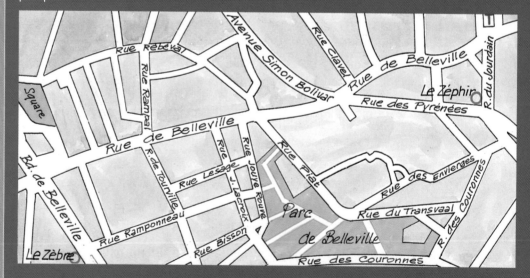

Mon quartier, c'est Belleville

3 C'est samedi après-midi, il n'y a pas cours. Choisissez quatre endroits de Belleville où vous voulez aller.

4 Jeu de rôles
Vous invitez votre voisin(e) à venir avec vous. Vous avez fait des choix différents. Vous n'êtes pas d'accord.

1 **Lisez le texte. À votre avis, c'est:**

	Oui	Non
a. un film d'animation	☐	☐
b. un dessin animé pour enfants	☐	☐
c. une bande dessinée	☐	☐

> « Attention, événement ! Le premier long métrage de Sylvain Chomet est une merveille. Un film pour les grands, les petits, ceux d'ici et ceux d'ailleurs. Les Triplettes, c'est de l'émotion et de la beauté à l'état pur. Du grand, très, très grand art ! »
>
> Phosphore, n° 264.

2 **Vous avez lu la critique du journal *Phosphore*, choisissez la phrase qui convient.**

a. On adore.   c. Bof.

b. On aime.   d. On n'aime pas.

DIDIER BRUNNER présente

SÉLECTION OFFICIELLE FESTIVAL DE CANNES 2003

un film de **SYLVAIN CHOMET**

LES TRIPLETTES DE BELLEVILLE

musique de **BEN CHAREST**

Les Triplettes de Belleville

de Sylvain Chomet, France-Canada, 2003. Champion Souza est un petit garçon solitaire et taciturne qui habite chez sa grand-mère avec son chien Bruno. Il s'ennuie énormément. Sa grand-mère découvre un jour sous le lit de Champion un cahier rempli d'articles consacrés au cyclisme. Elle remarque aussi que toutes les affiches et toutes les photographies fixées aux murs de sa chambre célèbrent la petite reine. Madame Souza offrira donc un vélo à son Champion de petit-fils.

3 **À trois, vous imaginez une histoire avec ces personnages : un garçon solitaire passionné de cyclisme, une grand-mère, trois vieilles dames un peu folles, un bon gros chien et des méchants.**

4 **Réunissez toutes les histoires de la classe dans un même livre.**

■ **Les pronoms compléments d'objet direct (COD)** :
ils remplacent des personnes ou des choses.

	Singulier	Pluriel	
1re personne	me/m'	nous	pour les personnes
2e personne	te/t'	vous	pour les personnes
3e personne masc.	le/l'	les	pour les personnes ou les choses
fém.	la	les	pour les personnes ou les choses
	en	en	

- Le pronom COD est toujours placé avant le verbe, sauf à l'impératif.
  Le magazine, tu le prends ? Prends-le.
- Le pronom *en* peut remplacer un nom précédé d'un article indéfini.
  Tu as vu un film, hier soir ? Oui, j'en ai vu un.
- Le pronom *en* peut remplacer un nom précédé d'un article partitif.
  Tu veux du poivre ? Oui, j'en veux bien, merci.

1. **Remplacez les COD par des pronoms.**
   Exemple : *J'aime bien le frère d'Emma. Je l'aime bien.*
   a. Vous allez voir Sidonie.
   b. Elle a pris l'ordinateur de Patrick.
   c. Il a acheté ce CD en solde.
   d. Elle a vu son dernier film.
   e. Vous avez une voiture bleue ?

2. **Transformez comme dans l'exemple.**
   Exemple : *Tu as encore mangé un gâteau ? Oui, j'en ai mangé un.*
   a. Tu as vu une étoile ?
   b. Il a pris du sucre ?
   c. Vous avez un vélo ?
   d. Il a acheté un portable ?
   e. Vous avez une sœur ?

■ **Les prépositions *à* et *de*** : liées aux verbes, elles servent à exprimer diverses relations.
- Pour introduire la ville, le lieu : **à**. *Elle habite à Paris. Elle va à la mer.*

Attention ! à + le → **au**. *Ce soir, il va au restaurant.*
à + les → **aux**. *Elle va aux États-Unis.*

- Pour exprimer le temps : **à**. *Elle sort à 8 heures.*
- Pour exprimer le point de départ dans l'espace : **de**. *Il vient de Rome.*
- Pour exprimer le point de départ dans le temps : **de**. *Je viens de partir.*
- Pour exprimer le rôle d'un objet : **à**. *Une tasse à café.*
- Pour exprimer le contenu d'un objet : **de**. *Une tasse de café.*

■ **Les prépositions devant les noms de pays**
Endroit où l'on est, endroit où l'on va
- Noms de pays masculins commençant par une consonne : **au**. *Il part au Portugal.*
- Noms de pays féminins ou commençant par une voyelle : **en**. *Il habite en Espagne.*
- Noms de pays au pluriel : **aux**. *Amsterdam, c'est aux Pays-Bas.*

■ **Endroit d'où l'on vient**
- Noms de pays masculins commençant par une consonne : **du.**
  Il vient du Cameroun.
- Noms de pays féminins ou commençant par une voyelle : **de** ou **d'.**
  Il vient d'Égypte.
- Noms de pays pluriels : **des.** *Ils arrivent des États-Unis.*

■ **La phrase interrogative :** elle commence par une majuscule et se termine par un point d'interrogation (?). Elle sert à demander une information. Il existe deux formes d'interrogation : totale (sur toute la phrase) ou partielle (sur un élément de la phrase). L'interrogation totale : on peut répondre par oui/si, non, pas + adverbe.
- **Est-ce que + phrase affirmative + ?**
  Est-ce que tu as rencontré Marie ? Non, je ne l'ai pas rencontrée.
- **Sujet + verbe + ?** *Tu viens ? Pas maintenant.*
- **Inversion simple + ?** *Avez-vous froid ? Non.*
La réponse à ce type de phrase interrogative peut être : oui, non ou peut-être/je ne sais pas.

■ **L'interrogation partielle :** on ne peut pas répondre simplement par oui ou par non.
- **Qui :** *Qui vient ?* La question porte sur le sujet.
- **Que :** *Que fais-tu ?* La question porte sur l'objet.
- **Où :** *Où vas-tu ?* La question porte sur le lieu.
- **Quand :** *Quand venez-vous ?* La question porte sur le temps.
- **Comment :** *Comment venez-vous ? À pied ?* La question porte sur la manière de faire.
- **Pourquoi :** *Pourquoi tu dis ça ?* La question porte sur la cause.
- **Qu'est-ce que :** *Qu'est-ce que vous faites ?* La question porte sur le COD pour les inanimés.
- **Quel :** *Quel est ton chanteur préféré ?* La question porte sur un choix possible.

3. **Trouvez les questions.**
   - a. Oui, c'est vrai.
   - b. Parce que c'est vrai.
   - c. On vient en métro.
   - d. Nous partons le voir.
   - e. Nous revenons demain.

■ **Le pronom relatif :** il remplace un mot placé devant lui dans la phrase (l'antécédent).
- Le relatif **qui** : *Léa, tu sais, la fille qui danse bien. Qui* remplace *la fille*, antécédent, sujet du verbe *danse*. L'antécédent de *qui* peut être animé ou inanimé.
- Le relatif **que** : *Léa, c'est la fille que tu as vue hier. Que* remplace *la fille*, antécédent, COD du verbe *as vu*. L'antécédent de *que* peut être animé ou inanimé.
- Le relatif **où** : *Oui, Lyon, la ville où j'habite. Où* remplace *la ville*, antécédent, complément de lieu. L'antécédent de *où* est toujours inanimé.
- Le relatif **où** : *C'est le moment où il faut partir. Où* remplace *le moment*, antécédent, complément de temps.

4. **Complétez avec un relatif.**
   - a. C'est la ville ... j'habite.
   - b. La chanson ... tu connais, c'est ça ?
   - c. L'homme ... parle, c'est mon père.
   - d. Mardi, c'est le jour ... je vais au cinéma.
   - e. Damien, c'est le garçon ... tu aimes bien.

Évaluation

1. **Regardez le dessin puis soulignez les phrases vraies.**

   a. C'est l'été, Nadia est en vacances.

   b. Elle range ses affaires.

   c. Il pleut.

   d. Il fait froid.

   e. Nadia est devant le lycée.

   f. Elle mange une religieuse avec Bastien.

   g. Elle discute avec un ami.

   h. Il neige.

   i. Elle n'a pas de parapluie.

2. **Regardez la grille.**

   a. Écrivez les noms de pays que vous trouvez dans la grille.

   b. Écrivez deux noms de ville que vous trouvez dans la grille. Pouvez-vous en trouver d'autres ?

S	E	R	D	N	O	L	C	O
N	J	E	N	G	A	P	S	E
D	A	K	A	R	A	I	A	I
M	A	C	R	R	E	D	M	E
I	D	R	A	M	C	N	E	D
J	E	T	O	N	N	U	D	U
A	U	S	T	R	A	L	I	E
P	O	R	T	O	R	D	T	C
O	E	L	A	M	F	V	A	I
N	A	P	L	E	S	V	E	M

4. **Faites rimer.**

   a. Apprendre : …

   b. Amélioration : …

   c. Ambiance : …

   d. Cousine : …

   e. Menton : …

3. **Reliez avec le contraire.**

   a. perdre   •   • **1.** froid

   b. devant   •   • **2.** c'est nul

   c. c'est génial •   • **3.** gauche

   d. droite   •   • **4.** dernier

   e. chaud   •   • **5.** derrière

   f. premier   •   • **6.** trouver

Passé récent, futur proche

1. **Regardez les dessins et notez ce que vont faire les personnages ou ce qu'ils viennent de faire.**

a. Il … *(téléphoner)*.

b. Elle … *(sortir)*.

c. Nous … *(aller)* au cinéma.

Passé composé

2. **Cochez si c'est du passé composé.**

a. J'ai un dossier. ☐

b. J'ai vu Nadia. ☐

c. Elle n'a pas son sac. ☐

d. C'est inespéré ! ☐

e. J'ai fini. ☐

La négation au passé composé

3. **Écoutez et notez si la phrase est affirmative (A) ou négative (N).** ◉●

Les démonstratifs

4. **Complétez avec un démonstratif (*ce, cette, cet, ces*).**

a. C'est bizarre, … histoire !

b. … clés, elles sont à qui ?

c. … programme m'intéresse.

d. J'éviterai les vacances scolaires … été.

Les indicateurs de temps

5. **Complétez les phrases.**

a. Son fils sera là à 20 heures ….
(ce matin, ce soir, demain)

b. Je pars en Italie …. *(la semaine dernière, la semaine prochaine, avant-hier)*

c. Je suis rentrée …. *(dans une semaine, demain, aujourd'hui)*

d. Il faut partir …, on part dans une minute !
(tout de suite, la veille, aujourd'hui)

e. Je commence … à quelle heure ? *(tout de suite, maintenant, demain)*

Les pronoms relatifs *qui* et *que*

6. **Complétez par *qui* ou *que*.**

a. C'est une émission … vous écoutez le matin ?

b. Le prof … j'adore est revenu !

c. J'ai une sœur … part en Finlande.

d. J'ai une amie … te connaît.

e. J'ai une amie … tu connais.

Les prépositions

7. **Complétez avec *à, au* ou *en*.**

a. … France, il y a 56 millions d'habitants.

b. … Portugal, j'ai visité Lisbonne.

c. Maintenant, elle habite … Lisbonne.

d. … Finlande, j'ai une amie qui s'appelle Mia.

Le futur

8. **Écoutez et cochez quand le verbe est au futur.** ◉●

a. ☐

b. ☐

c. ☐

d. ☐

e. ☐

L'impératif

9. **Transformez les phrases à l'impératif.**

1. Tu me rappelles ce soir ?

2. Tu y vas ?

3. Vous faites l'exercice 2 ?

4. Tu viens ?

5. Vous y pensez ?

Une idée pour la ville

1 Objectifs

- Élaborer un projet pour améliorer votre ville, votre quartier, votre lycée.
- Montrer qu'on est capable de travailler ensemble et de s'organiser.

2 Préparation et principe

- Faites des groupes de quatre personnes, vous pouvez donner un nom à votre équipe.
- Votre idée doit être simple et réalisable.

3 Organisation

- Vous devez vous réunir pour trouver le lieu et l'idée de votre projet.
- Individuellement, notez sur un papier tout ce qui vous passe par la tête. Puis, ensemble, discutez-en.
- Dans votre ville, votre quartier, votre lycée qu'est-ce qu'il manque ? Qu'est-ce que vous avez envie de changer ? Qu'est-ce que vous avez envie de partager ?
- Avez-vous besoin de volontaires, d'une salle, de matériel... ? Faites une liste des besoins.

4 Réalisation

- Vous réalisez une affiche, un dépliant pour communiquer votre idée aux autres. N'oubliez pas le slogan.

5 Présentation

- Vous présentez votre projet à la classe à l'oral.
- Vous votez : quel est le projet le plus utile, le plus original, le plus facilement réalisable ?

Les choses de la vie

module 3

VOICI VOTRE CONTRAT D'APPRENTISSAGE
dans ce module vous allez apprendre à :

Objectifs communicatifs

- Parler au passé (habitudes, anecdotes) et au futur
- Exprimer la différence et la similitude
- Comparer, généraliser
- Dire qu'on n'aime pas vraiment quelque chose
- Exprimer le but
- Parler de quantités
- Donner votre avis
- Décrire un objet, expliquer son fonctionnement et son utilité
- Choisir une sortie, parler de moyens de transport, de sports
- Comprendre une petite annonce en rapport avec le travail
- Rapporter les paroles de quelqu'un
- Exprimer la satisfaction, la déception, consoler/féliciter quelqu'un, faire des hypothèses
- Écrire : la description d'une personne, faire une liste, un projet, une recette, un mode d'emploi, une lettre à un ami, une chanson

Savoir-faire

- Présenter un projet
- Comprendre un site Internet
- Comprendre un règlement
- Comprendre/écrire une recette de cuisine
- Comprendre une petite annonce se rapportant au travail

Structures et grammaire

- L'imparfait
- *Ne... plus, ne... jamais*
- Les comparatifs, les superlatifs
- Le pronom *on*
- Les pronoms COI
- Le pronom *tout*
- La quantité précise et imprécise
- Le pronom *en*
- La négation de la quantité
- *En* + participe présent
- La négation et les pronoms
- Différence d'emploi du passé composé et de l'imparfait
- Le discours indirect
- Les adverbes
- La place des adjectifs
- Le présent à valeur de futur
- *Si* + présent
- Les valeurs de *si*

Contenus socioculturels

- La France géographique
- Les Français célèbres
- Quelques événements sportifs et culturels
- Quelques métiers

À la fin du module, faites le test dans le cahier d'exercices pour évaluer votre apprentissage.

Leçon 13 Vous portiez des blo

DÉCOUVREZ

1. Observez les illustrations.

2. Notez les différences dans le tableau ci-dessous. Vous pouvez utiliser un dictionnaire.

	Avant	Maintenant
Élèves		
Professeurs		
Objets de la classe		

PRATIQUEZ

1. Écoutez le dialogue et cochez vrai ou faux.

	Vrai	Faux
a. Les habitudes au lycée ont beaucoup changé.	☐	☐
b. Marcel était avec Sidonie en classe.	☐	☐
c. Les garçons et les filles étaient habillés de la même couleur.	☐	☐
d. Les filles ne pouvaient pas mettre de pantalon.	☐	☐
e. Antoine préfère le lycée maintenant.	☐	☐

2. Lisez et cochez les phrases synonymes.

a. C'était très différent.
C'était la même chose. ☐
Ça a beaucoup changé. ☐

b. Les filles ne portaient jamais de pantalons.
Elles portaient des jeans. ☐
Elles portaient des jupes. ☐

c. Cela ne se faisait pas.
C'était impossible. ☐
C'était une habitude. ☐

uses ?

GRAMMAIRE

■ Ne... plus / Ne... jamais

Il dort encore ?
Non, il ne dort plus.
Tu mets toujours des jeans ?
Non, je ne mets jamais de jeans.

■ Verbes en -er à l'imparfait

je portais	nous portions
tu portais	vous portiez
il/elle portait	ils/elles portaient

■ Verbes irréguliers

Faire : *je faisais… nous faisions…*
Aller : *j'allais…*
Falloir : *il fallait*
Avoir : *j'avais…*
Être : *j'étais…*

1. **Reliez pour faire des phrases.**

a. Vous n'êtes   1. plus chez lui.
b. Il ne fait   2. jamais son travail !
c. Lui, il n'a   3. jamais en vacances ?
d. Je ne vais   4. plus amis !

2. **Donnez les terminaisons des verbes en -er à l'imparfait.**

3. **Cochez les personnes qui se prononcent de la même façon.**

je	☐	nous	☐
tu	☐	vous	☐
il/elle/on	☐	ils/elles	☐

4. **Écoutez de nouveau le dialogue. Complétez les verbes.** ◉◉

avoir	Vous aviez / J'avais
aller	J'allais
pouvoir	Les jeunes ne pouvez pas
être	C'étais / Nous n'étions
falloir	Il fallait
vouloir	Ils voulaient

PRONONCEZ

1. **Écoutez et cochez quand vous entendez l'imparfait.** ◉◉

a. ☑   c. ☑
b. ☐   d. ☐

2. **Cochez la forme phonétique entendue.** ◉◉

[nufəzjɔ̃defoto]   ☑
[nyfezjɔ̃defoto]   ☐

COMMUNIQUEZ

◉◉ **Comment dire...**

■ **Exprimer la différence**
Avant, c'était différent.

■ **Exprimer la similitude**
C'était la même chose, c'était pareil.

■ **Parler d'habitudes passées**
Les filles ne portaient jamais de pantalon.

1. **Imaginez votre voisin(e) quand il (elle) avait 7 ans. Notez les changements.**

2. **Discutez avec votre voisin(e) : il (elle) était comme ça ?**

leçon 13 On a bien roulé !

DÉCOUVREZ

1. Lisez. Qu'est-ce que c'est ? Cochez la bonne réponse.

Une compétition ☐   Une activité sportive ☐   Une publicité ☐   Des conseils ☐

2. Reliez les conseils aux éléments des dessins.

Une randonnée à rollers
Vendredi à 21 heures
Pourquoi pas toi ?

10 conseils pour bien rouler

Avant de rouler :
– on a mangé
– on a mis des protections
– on a apporté des boissons
– on a vérifié le matériel

On y va !
– on reste bien à droite
– on abandonne les trottoirs
– on écoute les moniteurs
– on respecte tout le monde
– devant un obstacle, on lève les bras

On n'oublie pas :
– on adhère à l'association

PRATIQUEZ

1. Écoutez le dialogue entre Charles et Antoine. ◉●

2. Qu'est-ce qu'ils préfèrent : reliez le prénom et l'activité.

Charles •   • les rollers
Antoine •   • le scooter

3. Écoutez encore puis complétez le tableau avec plus ou moins. ◉●

+ plus
– moins

Les arguments de Charles	Les arguments d'Antoine
C'est … fatigant et c'est … rapide.	C'est plus … que le scooter.
Le scooter, c'est … efficace que les rollers.	
On va … vite qu'avec les rollers.	C'est … important que la vitesse.

4. Quel est le problème de Charles ?

GRAMMAIRE

■ Le comparatif

Plus/moins/aussi
+ adjectif/adverbe + que/qu'
Le scooter est plus rapide que les rollers.
En ville, le scooter va aussi vite que les rollers.
C'est moins rapide, mais c'est moins cher.
C'est plus lent.

■ On = nous / on = les gens

On = nous
Nadia et moi, on va au cinéma
(= nous allons au cinéma).

On = les gens
Aujourd'hui, on aime la vitesse.
On sert à généraliser.

Le verbe reste toujours au singulier.

1. Mettez les mots dans l'ordre.

a. . / vieux / Marcel / qu' / plus / Antoine / est
b. ? / la / rapide /que / est / c' / plus / voiture
c. . / chaud / à / moins / Nice / il / Paris / fait/ qu' / à

2. Complétez comme vous voulez.

a. Emma est plus … que … .
b. Nadia est aussi … que … .
c. Sidonie est plus … que … .
d. Charles est moins … que … .

3. Lisez les phrases et cochez.

	Nous	Les gens
a. On y va?	☐	☐
b. À Paris,on prend le métro.	☐	☐
c. On part à quelle heure?	☐	☐
d. En France, on roule à droite?	☐	☐
e. On va au concert samedi?	☐	☐

PRONONCEZ

1. Le son [R].

À votre avis, le mot se termine par le son [R] ? Cochez.

a. scooter ☐   e. faire ☐
b. tard ☐   f. soir ☐
c. aller ☐   g. tard ☐
d. rollers ☐

2. Cochez : la finale des mots *rollers, scooter, docteur, facteur* se prononce de la même façon ☐ /différemment ☐.

3. Écoutez et répétez les phrases. ◉◉

a. Il sort plus tard que Bernard.
b. Vous savez où dormir ?
c. Tu viens en rollers ?
d. Il faut le faire !

COMMUNIQUEZ

◉◉ Comment dire...

■ Comparer
J'allais en cours, comme toi.

■ Généraliser
Aujourd'hui/maintenant, on aime la vitesse.
Avant, on n'aimait pas le rap.

■ Dire qu'on n'aime pas vraiment
Les rollers, moi, tu sais…
La voiture, bof…
Le café ? Sans plus/pas trop.

■ Dire qu'on ne sait pas faire quelque chose
Les rollers, je n'ai jamais essayé.
Je ne sais pas en faire.

1. Faites une liste de ce que vous n'aimez pas vraiment.

2. Avec l'intonation, lisez la liste à voix haute.

3. Qu'est-ce que vous n'avez jamais essayé ? Écrivez quelques lignes à un(e) ami(e) pour expliquer pourquoi.

leçon

14 Qu'est-ce qui t'est a

1. Observez les dessins. Proposez un ordre.

2. Qu'est-ce qui est arrivé à monsieur Colin ?
Écrivez vos hypothèses.

a. ...   b. ...   c. ...   d. ...   e. ...

PRATIQUEZ

1. Écoutez le dialogue et vérifiez vos hypothèses.

2. Vrai ou faux ? Cochez la bonne réponse.

	Vrai	Faux
a. Monsieur Colin raconte une histoire à sa famille.	☐	☐
b. Emma pense qu'on n'est plus vraiment jeune à 23 ans.	☐	☐
c. Monsieur Colin est resté calme.	☐	☐
d. Nadia a acheté quelque chose au jeune homme.	☐	☐
e. Le jeune homme a offert une barre de chocolat à monsieur Colin.	☐	☐

3. Écoutez encore et cochez la phrase entendue.

a. Oui, je l'achetais. ☐
Oui, je l'ai acheté. ☐

b. Ils discutaient. ☐
Ils se disputaient. ☐

c. Attends, tu vas boire. ☐
Attends, tu vas voir. ☐

d. Il lui a acheté quelque chose. ☐
Il a acheté quelque chose. ☐

e. Il m'a dit avec un grand sourire... ☐
Il m'a dit avec un grand soupir... ☐

4. Lisez le dialogue et vérifiez.

rivé ?

Les pronoms compléments d'objet indirect
Après les verbes suivis de *à*, on trouve un COI.
*Il téléphone **à Emma**.*
Le COI peut être remplacé par un pronom.
*Il **lui** téléphone.*

à + nom féminin / masculin pluriel = leur
*Je parle **aux voisins** = Je **leur** parle.*
Attention ! Au passé composé, le pronom est devant le verbe.
Il lui a téléphoné. Je leur ai parlé.

1. Complétez le dialogue avec des pronoms.
« Tu as l'air soucieuse ?
— Oui. Damien … a écrit.
— Ah ? Il … a écrit et tu … as répondu ?
— Non, je ne vais pas … répondre.
— Pourquoi, tu ne … aimes plus ?
— Non, ce n'est pas ça.
— Tu ne veux pas … revoir ?
— Je veux bien … écrire, … revoir, mais j'ai perdu son adresse !
— Ce n'est pas grave. Je … ai chez moi. Je … envoie un mail ce soir. Pas de problème !

2. Écoutez le dialogue et vérifiez que vous avez compris. ◉●

3. Complétez le tableau.

	verbes seuls / verbes + *à*	
je	me …	
tu	… t'	
nous	…	
vous	vous	
	verbes seuls / verbes + à	
il / elle	le, l', la	lui
ils / elles	les	…

4. Finissez les phrases comme vous voulez.
a. Je lui ai … .
b. Tu leur … .
c. Nous l'… .
d. Qu'est-ce que tu … ?

1. Écoutez et répétez les phrases. ◉●
a. Un moment, s'il vous plaît !
b. Maman !
c. Emmène-moi !
d. Ils ont quatre enfants.
e. Intéressant…
f. Ce truc, c'est une ampoule.

2. Phonie – Graphie : notez les quatre façons d'écrire le son le son [ã].

COMMUNIQUEZ

◉● **Comment dire…**

■ *Pour* + infinitif : pour exprimer un but
Pour venir en France, tu dois…
Pour rencontrer des copains, il faut…
Pour effacer vos problèmes, faites…
Pour réaliser ton rêve, pense…

1. Choisissez un exemple du tableau et proposez des solutions.

2. Comparez avec la classe.

leçon 14 — C'est le plus beau !

DÉCOUVREZ

1. Écoutez la conversation entre Nadia et Emma. ◉◉

2. Faites des hypothèses.
- a. De qui parlent-elles ?
- b. Quel est le secret de Nadia ?
- c. Pourquoi Nadia dit à Emma « Tu vas tout comprendre » ?

3. Observez le site de Damien.

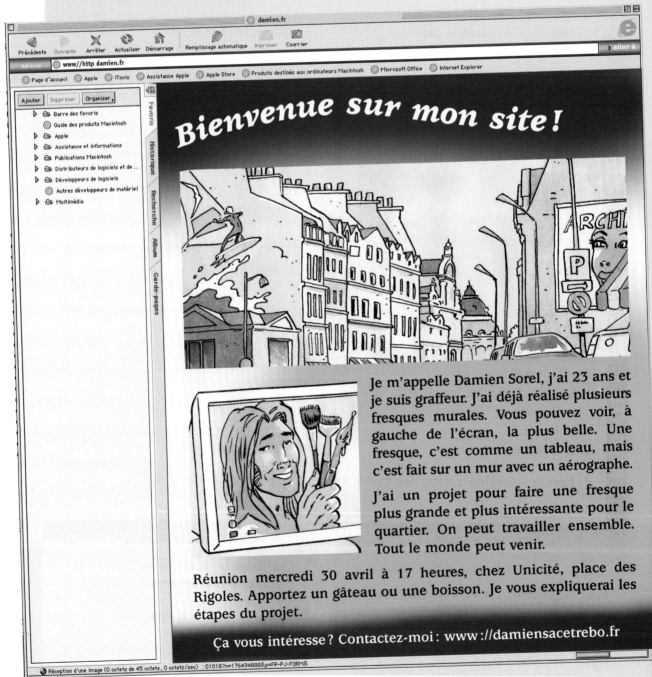

Bienvenue sur mon site !

Je m'appelle Damien Sorel, j'ai 23 ans et je suis graffeur. J'ai déjà réalisé plusieurs fresques murales. Vous pouvez voir, à gauche de l'écran, la plus belle. Une fresque, c'est comme un tableau, mais c'est fait sur un mur avec un aérographe.

J'ai un projet pour faire une fresque plus grande et plus intéressante pour le quartier. On peut travailler ensemble. Tout le monde peut venir.

Réunion mercredi 30 avril à 17 heures, chez Unicité, place des Rigoles. Apportez un gâteau ou une boisson. Je vous expliquerai les étapes du projet.

Ça vous intéresse ? Contactez-moi : www ://damiensacetrebo.fr

PRATIQUEZ

Comparez : un tableau ou une fresque ? Classez les éléments.

un cadre   un aérographe   un mur   un pinceau   un peintre   un graffeur

GRAMMAIRE

■ **Le superlatif**

Le plus/le moins + adjectif
Le plus beau garçon, c'est lui.
La plus/la moins + adjectif
La plus belle fresque est sur ce mur.
Les plus/les moins + adjectif
Les plus beaux monuments de la ville.

Attention ! bon → meilleur
Ce tableau est magnifique, c'est le meilleur tableau de l'exposition. / C'est la meilleure peinture.

■ **Tout pronom**

Il explique tout. Tout est clair ?
Tout peut être sujet ou COD.
Tout le monde + verbe au singulier
Tout le monde va à l'exposition.

1. **Écrivez des slogans publicitaires avec les adjectifs proposés.**
Exemple : *Le TGV, c'est le train le plus rapide !*
a. belle   c. amusant
b. vieilles   d. bizarres

2. **Mettez les mots dans l'ordre pour faire des phrases.**
a. . / trois / poser / vous / questions / j' / à / ai
b. ? / meilleure / la / où / boulangerie / la / ville / de / est
c. ? / les / gâteaux / la / quels / boulangerie / de / meilleurs / sont
d. ? / le / gâteau / cher / quel / moins / le / est

3. **Écoutez le dialogue et notez les liaisons.**
— Tu as tout avoué ?
— Non, pas tout... pas tout à fait.
— Et tu vas tout expliquer ?
— Oui, tout le monde va tout savoir sur tout !
— Avec toi, c'est tout ou rien !

PRONONCEZ

1. **Répétez le dialogue de l'exercice précédent avec l'intonation et les liaisons.**

2. **Écoutez et cochez la phrase entendue.**
a. C'est ton tutu ? ☐
C'est ton toutou ? ☐
b. Il est vraiment pur ? ☐
Il est vraiment pour ? ☐
c. Il est têtu. ☐
Il était tout. ☐
d. Elle l'avoue. ☐
Elle l'a vu. ☐

COMMUNIQUEZ

Comment dire...

■ **Comparer**
C'est le plus sympa !

■ **Présenter un projet**
J'ai un projet pour...
Vous pouvez voir...
Une fresque, c'est comme un tableau.
Je vous expliquerai...
C'est fait avec...

1. **Vous préparez un projet artistique pour votre école. Notez les différentes étapes.**

2. **Proposez votre projet à la classe.**

Leçon 15 Qu'est-ce qu'on ma

DÉCOUVREZ

1. **Observez les documents. Reliez les ingrédients aux éléments du dessin.**

(pour 6 personnes)

200 g de chocolat noir, 100 g de beurre, un œuf, 100 g de sucre glace, 150 g de biscuits secs, de la guimauve : 10 chamal- lows blancs.

2. **Trouvez un nom pour le dessert.**

3. **À votre avis, quel est le nom du dessert ? Cochez.**

a. Le saucisson à la guimauve. ☐

b. Le roulé au chocolat. ☐

c. La glace à la vanille. ☐

PRATIQUEZ

1. **Associez les phrases aux dessins.**

a. Faire fondre le chocolat et le beurre.

b. Hors du feu, ajouter l'œuf, puis le sucre glace.

c. Placer au réfrigérateur pendant six heures.

d. Dans un saladier, mélanger le chocolat, les biscuits et les chamallows.

e. Rouler la feuille d'aluminium autour de la préparation pour lui donner la forme d'un saucisson.

f. Verser le tout sur une feuille de papier aluminium.

g. Saupoudrer avec un peu de sucre glace.

h. Couper les biscuits et les chamallows en morceaux.

i. Couper le saucisson en tranches. Bon appétit !

2. **Remettez dans l'ordre les phrases c, d, e, f, g, h, i.**

3. **Et vous, qu'est-ce que vous aimez ? Utilisez un dictionnaire pour remplir le tableau.**

	Boissons	Viandes	Poissons	Fruits	Légumes	Desserts
J'aime...						
Je déteste...						

nge ?

■ **La quantité non précisée**

le ▶ du	*J'aime le gâteau, je mange du gâteau.*
la ▶ de la	*J'aime la tarte, je mange de la tarte.*
les ▶ des	*J'aime les chamallows, je mange des chamallows.*
l' ▶ de l'	*J'aime l'eau minérale, je bois de l'eau minérale.*

■ **La quantité précisée**

*Un kilo de pêches,
100 g de farine, une tranche
de pain, un paquet de biscuits.*

■ ***En* + quantité**

Pour ne pas répéter :
*Tu veux **du** poulet ? Oui, j'**en** veux.*

1. **Complétez le tableau.**

La salade / de la salade	La guimauve / ...	Le poulet / ...
... / des frites	L'huile / ...	Le sel / ...
Les fruits / ...	L'eau / ...	La pizza / ...

2. **Faites des phrases avec le pronom *en* comme dans l'exemple.**

Exemple : *Du lait, j'en bois souvent.*

a. les pâtes   c. le poisson   e. l'ananas   g. le saucisson à la guimauve

b. la viande   d. les légumes   f. le thé

1. **Écoutez le dialogue et complétez.** 👄👄

— Allô, Nadia, c'est Mathilde.
Tu es à la ... ?

— Oui, pourquoi ?

— Parce que je vais faire une recette, un ... . Est-ce que tu as des chamallows ?

— Des chamallows ? Oui, ça s'appelle aussi ..., non ?

— Oui, c'est ça. Ce sont ... blancs ou roses ...

— Bien sûr, je connais. ... une minute, je regarde... Oui, il ... reste.

— Ça ... combien ?

— C'est 3 euros 35 le paquet. Tu ... veux combien ?

— Deux paquets. Je les ... cet après-midi. ... aussi des biscuits.

— Qu'est-ce que tu fais comme recette ?

— C'est la recette du ... aux chamallows. C'est super bon ! C'est pour la réunion, demain. Tu ... ?
Et n'oublie pas mes chamallows !

2. **Écoutez et répétez.** 👄👄

J'ai vu une chouette girouette originale.

— Quel genre ? Géante ?

— Oui, en forme de girafe.

3. **Phonie – Graphie.**

Le son [ʃ] peut s'écrire : ... comme dans *chouette*.
Le son [ʒ] peut s'écrire : ... comme dans *journée*, ... comme dans *originale*, ... comme dans *genre*, *géante*, *girafe*, *mange*.

COMMUNIQUEZ

👄👄 **Comment dire...**

■ **Exprimer la quantité**

Tu en veux combien ?
J'en veux deux tranches/un paquet/
un kilo/une livre/250 g/une boîte/une douzaine...

■ **Demander/dire le prix**

Ça coûte combien ? / Ça fait combien ?
Ça coûte 5 euros.

1. **Imaginez une pizza originale avec des ingrédients bizarres.**

2. **Présentez votre recette à la classe.**

Leçon 15 Tu la trouves comm

DÉCOUVREZ

Observez l'illustration et faites des hypothèses.

a. Qu'est-ce que c'est ? **b.** Qu'est-ce qui se passe ? **c.** Qui sont les personnages ? **d.** Qui a réalisé la fresque ?

PRATIQUEZ

1. **Écoutez les micro-trottoirs. Cochez les phrases entendues.** ◉ ◉

a. Nous sommes assez fiers du résultat. ☐   Nous sommes très fiers du résultat. ☐

b. Il n'y a pas de gris. ☐   Il n'y a pas de prix. ☐

c. Ça me plaît beaucoup. ☐   Ça te plaît beaucoup. ☐

d. Moi, je n'aime pas, c'est tout. ☐   Moi, je n'aime pas du tout. ☐

2. **Lisez les micro-trottoirs et vérifiez votre compréhension.**

a. LE JOURNALISTE. Aujourd'hui, nous sommes heureux d'inaugurer la fresque murale de la rue de la Mare. Damien, l'animateur du projet, va nous dire quelques mots.
DAMIEN. J'espère que ça va vous plaire. Nous avons beaucoup travaillé et nous sommes assez fiers du résultat. À vous de juger !

b. LE JOURNALISTE. Qu'en pensez-vous, mademoiselle ?
NADIA. C'est simple et joli : un peu de bleu pour le ciel, beaucoup de jaune pour le soleil. Il n'y a pas de couleurs tristes. On

en a déjà trop dans les rues. J'aime beaucoup !

c. LE JOURNALISTE. Et vous, madame ?
MME NITOUCHE. Il y a beaucoup de couleurs, c'est gai. Je trouve que c'est beau. C'est mieux que les graffitis. Ça me plaît beaucoup !

d. LE JOURNALISTE. Et vous, monsieur, cette fresque, vous la trouvez comment ?
UN RÂLEUR. Ça vous plaît, ça ? Je ne comprends pas pourquoi ! Moi, je n'aime pas du tout ! C'est trop abstrait. Voilà !

3. **Classez les phrases dans le tableau.**

Demander l'opinion	Opinions positives	Opinions négatives
Qu'en pensez-vous ? …	C'est simple et joli. …	Je n'aime pas du tout. …

ent ?

■ **La quantité**
Pas assez/pas assez de
Ce n'est pas assez.
Assez/assez de
Beaucoup/beaucoup de
Trop/trop de

Attention !
Beaucoup de verres
Beaucoup des : impossible.

■ **La négation de la quantité**
Il n'y a pas de couleurs tristes.
Je ne bois pas de café, merci.

Reliez les phrases aux dessins.

a. Il y a trop de vent.
b. Il y a beaucoup de touristes.
c. Non merci, pas de café.
d. Il n'y a pas assez de vent.
e. Il n'y a pas beaucoup de touristes.
f. Il y a beaucoup de verres.

1. Écoutez les mots et cochez quand vous entendez le son [R] au début, dans le mot ou en finale. ◉◉

	Début du mot	Milieu du mot	Fin du mot
a.			
b.			
c.			
d.			
e.			
f.			
g.			
h.			
i.			
j.			

2. Écoutez et répétez de plus en plus vite. ◉◉

a. Trente-trois dromadaires traversent le désert.
b. Bernard travaille dans un bar rue de la Mare.
c. La boulangère est très froide et trop fière.

COMMUNIQUEZ

◉◉ **Comment dire...**

■ **Exprimer la quantité**
Il y a beaucoup de jaune pour le soleil.

■ **Demander l'avis de quelqu'un**
Qu'est-ce que tu en penses ?
Comment tu le/la trouves ?

■ **Donner son avis**
Je pense que c'est magnifique.
Je trouve ça beau.
Ça me plaît beaucoup.
Ça ne me plaît pas du tout.

À l'écrit.

1. Faites une liste des arguments pour et contre les fresques murales.

2. Faites une liste des arguments pour et contre les graffitis.

À l'oral.

3. Donnez votre avis et discutez.

COMPRENDRE

ÉCOUTER

1. Écoutez les recettes de cuisine. Cochez vrai ou faux.

	Vrai	Faux
a. La première recette, c'est la recette du croque-madame.	☐	☐
b. Le temps de cuisson est de 10 minutes pour le croque-monsieur.	☐	☐
c. Pour les deux recettes le four est à 110 °.	☐	☐

2. Où sont les erreurs dans les ingrédients ? Corrigez sur les listes.

Croque-monsieur

8 tranches de pain dur,

2 pots de crème épaisse,

5 sachets (200 g) de gruyère râpé,

6 tranches de jambon blanc,

sel, poivre.

Croque-madame

4 planches de pain de mie,

300 g de gruyère râpé,

4 kilos de jambon,

4 blancs d'œufs,

50 g de beurre.

3. Complétez.

C'est ...

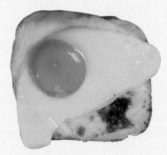

C'est ...

LIRE

4. Lisez le document (d'après un dépliant du Syndicat français des céréales).

Céréales pour le petit déjeuner

Partenaires d'une alimentation équilibrée

Syndicat des céréales français

● Des céréales pour le petit déjeuner

Avec plus de cinquante variétés existantes, les céréales pour le petit déjeuner offrent un choix très important de saveurs, de formes et de textures.

Pour être équilibré, un petit déjeuner doit comporter au moins : un produit céréalier, un produit laitier, une boisson et un fruit.

● Des idées pour le petit déjeuner

Thomas a six ans, il pratique le football plusieurs fois par semaine et dispute des matchs le week-end.
Idée de petit déjeuner pour un jour de match :
– des grains de riz soufflés au chocolat dans du lait froid,
– un yaourt à boire nature.

Martin, dix-sept ans, grand amateur de jeux vidéo, ne pratique pas de sport, activité physique réduite.
Idée de petit déjeuner :
– des grains de blé soufflés au caramel mélangés à un yaourt battu,
– un melon et une pêche,
– du gâteau de riz,
– de l'eau aromatisée au citron,
– un jus d'orange.

5. **Cochez vrai ou faux.**

	Vrai	Faux
a. Ce document est une publicité pour les céréales	☐	☐
b. Ce document est une publicité pour une marque de céréales.	☐	☐
c. Il existe cinquante variétés de céréales.	☐	☐
d. Selon ces recommandations, il faut pour un petit déjeuner équilibré : du lait, des céréales, un fruit.	☐	☐

6. **Répondez aux questions.**
a. Qui a écrit le document ?
b. À votre avis, l'information est-elle subjective ou objective ?
c. Qu'est-ce qu'il manque au petit déjeuner de Thomas pour qu'il soit équilibré (selon le syndicat) ?
d. Qu'est-ce qu'il faut changer dans le petit déjeuner de Martin pour qu'il soit équilibré (selon le syndicat) ?

ÉCRIRE

7. Un(e) ami(e) vient passer des vacances chez vous. Écrivez-lui un mail pour lui demander ce qu'il (elle) aime manger.

8. Écrivez la liste des courses pour la semaine.

9. Vous êtes à l'étranger, écrivez un mail à vos parents et racontez-leur ce que vous mangez. Faites des comparaisons avec votre alimentation habituelle.

PARLER

1. Parlez de votre meilleur(e) ami(e), de vos différences et de vos points communs.

2. C'est important pour vous la nourriture ? Pourquoi ?

DEUX PAR DEUX

3. Au téléphone, dictez à un(e) ami(e) votre recette préférée pour la fête de demain.

4. Vous avez 15 ans. Votre voisin(e) en a 50. Comparez vos habitudes alimentaires.

civilisation

Où est-ce que cela se trouve ?

| 1 | Écrivez les noms des pays limitrophes sur la carte : la Grande-Bretagne, la Belgique, le Luxembourg, l'Allemagne, la Suisse, l'Italie, l'Espagne. |

| 2 | Dans trois de ces pays, on parle français. Quels sont ces pays ? |

| 3 | Placez ces villes sur la carte : Paris, Marseille, Lyon, Toulouse, Bordeaux, Lille, Nantes, Strasbourg. |

| 4 | Où peut-on pratiquer le ski, le surf ? |

| 5 | Où sont situés le Mont-Saint-Michel, le château de Chenonceaux, le pont du Gard ? |

| 6 | Comment s'appelle l'île qu'on trouve au sud de la France ? |

| 7 | Qu'est-ce que l'Île-de-France ? |

Les Français les aiment.

1 **Observez les photos. Qui reconnaissez-vous ?**

L'abbé Pierre et sœur Emmanuelle.

David Douillet.

Jean-Jacques Goldmann. Zinedine Zidane.

2 **Associez une présentation à chacune des photos.**

C'est un chanteur populaire qui parle souvent d'amour.

Cette femme âgée a beaucoup aidé les enfants pauvres.

Il est surtout footballeur, mais aussi mannequin.

Il est très fort en judo. Il aide aussi les enfants malades.

Né en 1912, c'est un prêtre français connu pour son action en faveur des défavorisés.

Le TOP

des personnalités préférées des Français

L'abbé Pierre reste la personnalité préférée des Français, selon un sondage réalisé par l'Ifop pour *Le Journal du dimanche*...

Voici les cinq premiers du classement :

n° 1 → l'abbé Pierre ;

n° 2 → Zinedine Zidane ;

n° 3 → Jean-Jacques Goldmann ;

n° 4 → David Douillet ;

n° 5 → sœur Emmanuelle.

3 **Pouvez-vous classer ces personnalités (sportif, religieux, chanteur) ?**

4 **Quelle personnalité préférez-vous ? Pourquoi ?**

5 **À votre avis, quelles sont les personnalités préférées des habitants de votre pays ?**

Quiz

Testez vos connaissances générales sur la France et les Français. Vous avez 5 minutes pour trouver :

a. le nom du fleuve qui passe à Paris ;

b. le nom d'une grande ville de province ;

c. l'arrondissement où se trouve Belleville ;

d. le nom d'un acteur ou d'une actrice ;

e. le nom du président de la République ;

f. le nom de l'avenue la plus célèbre de Paris ;

g. le nom d'un fromage ;

h. le nom d'un écrivain.

16 Comment ça marche

DÉCOUVREZ

1. **Observez les dessins et lisez les textes.**

Elle est en panne.
Elle ne marche plus.

Pour allumer la lampe, il faut la brancher et appuyer sur le bouton.

La machine à laver, c'est utile, c'est pratique... Quand ça marche ! Aujourd'hui, elle est cassée.

2. **Notez :**

a. Les noms des objets.

b. Les expressions pour dire qu'il y a un problème.

c. Les verbes pour expliquer le fonctionnement d'un objet.

PRATIQUEZ

1. **Reliez les phrases aux dessins.**

a. Nadia débranche l'appareil. ☐

b. Nadia regarde les bulles. ☐

c. Nadia branche la lampe. ☐

a. Antoine tourne le bouton, sans forcer. ☐

b. Le coq fait cocorico. ☐

c. Le réveil sonne. ☐

2. **Écoutez le dialogue et remettez les dessins dans l'ordre.** ◉●

3. **Mettez les phrases dans l'ordre pour retrouver le mode d'emploi.**

a. L'écran s'allume.

b. Pour mettre l'ordinateur en marche, il faut d'abord le brancher.

c. Cliquez avec la souris pour ouvrir un dossier, ça marche aussi en utilisant le clavier.

d. Éteignez l'ordinateur et débranchez-le.

e. Quand vous avez fini votre travail, vous fermez votre dossier en cliquant sur la croix.

f. Ensuite, vous l'allumez en appuyant ici.

Écoutez et cochez la ou les nasales entendues. 👁👁

	[ɛ̃]	[ɔ̃]	[ɑ̃]
a.			
b.			
c.			
d.			

DICTÉE

Écoutez et complétez. 👁👁

Les Prétatout ? Ce sont des g...s
...bitieux, ils ont les d...ts l...gues.
Les Influents ? Ils p...sent qu'ils s...t
...port...ts, ils ...t le bras l...g.
Les Gatepin : L'arg...t, toujours
l'arg...t ! Quels rad...s !
Madame Vipère : Elle n'est pas très
g...tille, elle a la d...t dure.

◼ *En* **+ participe présent**
En rentrant chez moi, j'ai vu Paul.
Pour former le participe présent :
nous rentr/ons ▶ rentr/ant

◼ *Appuyer* **au présent**
j'appuie
tu appuies
il/elle appuie
nous appuyons
vous appuyez
ils/elles appuient
Participe présent : appuyant

Complétez les phrases comme vous voulez.

a. En rentrant chez moi, ...
b. ... en sortant.
c. En attendant le bus, ...
d. ..., en marchant.
e. En mangeant, ...

COMMUNIQUEZ

👁👁 Comment dire...

◼ **Parler d'un objet**
C'est utile/inutile.
C'est compliqué.
C'est pratique.
C'est cassé, c'est en panne.
Ça ne marche plus.

◼ **Demander/
donner un mode d'emploi**
Comment ça marche ?
Comment ça fonctionne ?
Tu le mets en marche en appuyant sur
le bouton/en tournant le bouton.
Tu allumes/tu éteins comme ça.
Tu le branches/débranches ici.

◼ **Expliquer à quoi sert un appareil**
C'est pour quoi faire ?
À quoi ça sert ? / Ça sert à quoi ?

À l'écrit.
1. Choisissez un objet de la vie quotidienne
et écrivez :
– À quoi ça sert ?
– Le mode d'emploi.

À l'oral.
2. Présentez votre objet à la classe sans
le nommer. Vos camarades doivent
deviner de quel objet il s'agit.

leçon

16 On y va dimanche

DÉCOUVREZ

1. Lisez les présentations.

Croissant *bon'heur*

84, av. des Champs-Élysées, 8e
01 45 65 71 43, ouvert 24 h sur 24
www.croissantbonheur.com

Pas le courage de descendre à la boulangerie ? On vous livre le petit déjeuner à domicile (entre 15 et 20 euros). Possibilité d'ajouter à votre panier des journaux ou des fleurs !

Café-jeux Amuse-toi

43, rue de Ménilmontant, 20e, 01 47 23 86 02
Ouvert tous les jours 14 h - 21 h

Pour 6 euros par jeu et par personne, vous pouvez jouer entre amis ou en famille. Plus de 200 jeux de société vous sont proposés. On vous explique aussi les règles.

Musée de la Magie

11, rue Saint-Paul, 4e, 01 42 43 75 08
ouvert de **14 h à 19 h**
5 euros jusqu'à 6 ans, 7 euros adultes

Ce musée propose aux petits et aux grands de découvrir le monde de la magie.
Au programme : un spectacle, puis une balade au milieu d'appareils de prestidigitation. Vous pourrez même voir une machine à découper (les gens) en morceaux !
La boutique : vous trouverez des cartes truquées et des jeux pour réaliser vos premiers tours de magie !

Musée de la Contrefaçon

16, rue de la Faisanderie, 16e, 01 54 65 73 42
Ouvert du lundi au vendredi 14 h - 19 h

Ce musée est le royaume de la copie. On y trouve des rasoirs et des stylos Big et des Lovi's 70. Notre fromage national Vache qui Rit s'appelle Vache Royale au Maroc, Joyeuse Vache en Algérie et Vache Kiki en Égypte. 400 produits copiés sont présentés à côté des produits authentiques !

Vous essaierez de distinguer
le vrai du faux !
Bon courage !

2. Complétez le tableau quand c'est possible.

	Horaires	Jours d'ouverture	Prix
Croissant bon'heur			
Café-jeux Amuse-toi			
Musée de la Magie			
Musée de la Contrefaçon			

PRATIQUEZ

Écoutez le dialogue et cochez vrai ou faux. 👁👁

	Vrai	Faux
a. Antoine sort avec sa famille.	☐	☐
b. Pour aller au café-jeux, il faut prendre un taxi.	☐	☐
c. Le musée de la Contrefaçon est ouvert le dimanche.	☐	☐
d. Le musée de la Magie est dans le 6ᵉ arrondissement.	☐	☐
e. Bastien aime bien le musée de la Magie.	☐	☐

PRONONCEZ

1. Écoutez et comptez le nombre de syllabes. 👁👁
   a. … ; b. … ; c. … ; d. …

2. Barrez les *e* qui ne se prononcent pas.
   a. Je le sais.   **c.** Nous le voulons.
   b. Je ne sais pas.   **d.** Il ne prend pas le métro.

3. Répétez les phrases de plus en plus vite. 👁👁

GRAMMAIRE

■ La négation et les pronoms

Vous y allez, au musée de la Magie ?
— Non, nous n'y allons pas.
Tu prends le métro ?
— Non, je ne le prends pas, je marche.
Des croissants, tu en veux ?
— Non, je n'en veux pas, merci.

1. Écrivez en toutes lettres.
C'est dans quel arrondissement ?
1ᵉʳ = *le premier*
2ᵉ = le deuxième
3ᵉ = le troisième
4ᵉ = …
5ᵉ = …
6ᵉ = …
7ᵉ = …
8ᵉ = …
9ᵉ = …
10ᵉ = …

2. Trouvez les questions.
   a. … ?   — Non, nous ne l'avons pas.
   b. … ?   — Non, nous n'y sommes pas.
   c. … ?   — Non, je n'en ai pas.
   d. … ?   — Non, je ne la vois pas.
   e. … ?   — Non, elle ne le prend pas.
   f. … ?   — Non, je ne les fais pas.

COMMUNIQUEZ

👁👁 Comment dire…

■ Proposer une sortie
On pourrait aller au musée du Louvre.
On y va, sur les quais de Seine ?
Les bateaux-mouches, c'est intéressant ?

■ Parler des arrondissements
C'est dans quel arrondissement, la tour Eiffel ?
C'est dans le 7ᵉ, je crois.

■ Parler des moyens de transport
On y va comment ? En bus ou à pied ?
En métro, c'est plus rapide.
Descends à la station de métro Hôtel-de-Ville.
Tu descends du bus à l'arrêt Sébastopol.

1. Vous écrivez à votre correspondant(e) parisien(ne) pour lui demander des informations sur votre prochaine visite. Vous voulez aller sur les Champs-Élysées, puis à Notre-Dame.

2. Emma et Antoine discutent. Ils veulent aller à la tour Eiffel, Emma à pied, Antoine en métro. Prenez leur place ! Aidez-vous du plan du métro et des monuments de Paris des pages « Civilisation ».

Leçon 17 Elle a beaucoup cha

1. Observez les documents.

Avant

Maintenant

2. Notez les changements dans le tableau. Faites des phrases.

Avant	Maintenant
Elle portait une casquette.	...

PRATIQUEZ

1. Trouvez les questions correspondant aux réponses.

a. ... ? — Oui, elle était dans ma classe.

b. ... ? — Elle a beaucoup changé.

c. ... ? — Elle était assez coquette.

d. ... ? — Elle fait de la natation.

2. Écoutez le dialogue et cochez les phrases entendues. ◉●

a. Elle est dans ma classe cette année. ☐

b. Tu t'es trompée. ☐

c. C'est impossible. ☐

d. Quand est-ce qu'on change de look ? ☐

3. Observez :

Damien joue au basket avec Bastien et Doriane fait de la gym.

Complétez avec à ou de :

jouer ... la pétanque et faire ... la natation.

4. Complétez les phrases avec les verbes *faire* ou *jouer*.

a. Je ... de la natation.

b. Tu cours : tu ... du jogging.

c. Elle ... de l'équitation.

d. Ils ... au tennis.

e. Tu veux ... au football ?

f. Les enfants ... à la pétanque.

ngé

PRONONCEZ

1. Écoutez et notez si vous entendez l'imparfait ou le passé composé. ◉●

2. Écoutez et cochez si c'est au présent ou au passé. ◉●

	Présent	Passé
a.	☐	☐
b.	☐	☐
c.	☐	☐
d.	☐	☐
e.	☐	☐
f.	☐	☐

GRAMMAIRE

■ L'imparfait

Pour évoquer une situation passée
Il était avec une fille devant la piscine.
Pour décrire quelqu'un ou quelque chose
Elle portait une casquette et un pull large.

■ Le passé composé

Pour évoquer des événements et des actions limités dans le temps
Elle a beaucoup changé.
Tu leur as parlé, ce matin ?

Remettez les phrases de l'histoire dans l'ordre.

a. Mais le père de Léa a changé de travail.
b. Léa et Léo étaient dans la même classe.
c. Elle a déménagé avec toute sa famille.
d. Léo est très triste maintenant.
e. Elle est partie pour toujours.
f. Ils étaient amis.

COMMUNIQUEZ

◉● Comment dire...

■ Comparer ce qui a changé avec le temps

Avant, elle était dans ma classe.
Maintenant, elle a changé de lycée.
L'année dernière, il avait les cheveux longs.
Cette année, il porte des lunettes.

■ Parler de sport

Je fais du jogging.
Tu pratiques l'équitation.
On joue au volley.

1. Vous avez changé d'apparence. Écrivez à un(e) ami(e) pour lui raconter.

2. Choisissez un sport et mimez-le. Votre voisin(e) doit deviner de quel sport il s'agit.

Leçon 17 Emma cherche un

DÉCOUVREZ

1. Lisez les petites annonces.

• Annonces • Annonces • Annonces • Annonces • Annonces • Annonces •

URGENT !
CHERCHE SERVEUR/
SERVEUSE
Libre tout de suite
pour restaurant Chez
Jojo, à Paris.
Expérience souhaitée.
Âge minimum : 18 ans.
Téléphonez à Michel :
01 43 76 59 62

•

ANIMATEUR/
ANIMATRICE
En Haute-Savoie.
Camp du mont Blanc.

Nous cherchons une
personne avec le BAFA
pour nous rejoindre
à Chamonix.
Nous accueillons des
enfants de 6 à 12 ans.
Les trois thèmes du
camp de vacances sont :
basket, reportage radio
et dessin.
Juillet et août.
Contact : 03 67 23 43 67

•

ÉQUIPIER/ÉQUIPIÈRE
Chez Vacdalmo, Paris.

Accueil du client.
Fabrication rapide
et vente des sandwichs.
Entretien du restaurant.
Animation d'anniversaire.

La SNCF recrute pour l'été en France

Recherchons PORTEURS
Personnes fortes et musclées pour porter
les bagages des voyageurs.

Du 1er juillet au 15 septembre.
Contactez : Agnès 01 23 59 33 34

Embauche immédiate.
Appelez M. Girard
01 32 64 78 89
pour un entretien.

•

---

2. Faites des hypothèses.

a. Est-ce qu'Emma peut choisir la première annonce ? Pourquoi ?

b. BAFA signifie : Brevet d'aptitude à la fonction d'animateur ou Bistro avec famille amicale ?

c. Dans la troisième annonce, on fabrique et on sert des hamburgers en équipe. Vrai ou faux ?

d. SNCF signifie Société nationale des chemins de fer, c'est-à-dire les trains français : c'est vrai ?

e. Les chemins de fer, qu'est-ce que c'est ?

PRATIQUEZ

1. Retrouvez les synonymes des mots suivants.

a. Recruter : ... b. Contactez : ... c. Embauche immédiate : ...

2. Écoutez le dialogue et cochez vrai ou faux. ◉●

	Vrai	Faux
a. Emma téléphone pour l'annonce de la SNCF	☐	☐
b. Elle n'est pas libre cet été.	☐	☐
c. Elle a déjà téléphoné pour une annonce.	☐	☐
d. Elle doit envoyer un courrier.	☐	☐
e. Antoine parle directement avec la femme.	☐	☐
f. Emma comprend facilement.	☐	☐

3. Écoutez encore et reliez les phrases. ◉●

a. Elle me demande •

b. Elle dit qu' •

c. Écoute, Antoine, •

d. Je dois l'envoyer •

• e. elle attend la copie du BAFA.

• f. attends une minute !

• g. si j'aime m'occuper des enfants.

• h. rapidement.

job

■ **Le discours indirect**

Verbes *demander/répondre/dire*
+ *que* ou *si*

« *Est-ce qu'elle va bien ?*
— *Qu'est-ce qu'elle demande ?*
— *Elle demande si tu vas bien.* »

« *Ça va bien.*
— *Qu'est-ce qu'elle dit ?*
— *Elle dit que ça va bien.* »

■ **Les adverbes**

Adjectif au féminin + *-ment*
Facile → facilement
J'ai répondu facilement.
Heureuse → heureusement
Tu es libre ? Oui, heureusement !

1. Transformez les phrases.

  a. Elle répond : « Ce n'est pas possible. »
  Elle répond que …

  b. Nous demandons : « Est-ce que tu
  y vas ? »
  Nous …

  c. Il dit : « J'appelle pour l'annonce. »
  Il …

2. Lisez les dialogues du tableau
de grammaire et composez deux
dialogues sur le même modèle.

3. À partir des adjectifs, formez les
adverbes.

  a. triste   e. facile
  b. rapide   f. modeste
  c. fier   g. lente
  d. joyeux   h. difficile

4. Regroupez les adverbes par contraires.

1. Écoutez et cochez si vous entendez le
son [e] et/ou le son [ø]. ◉●

	[e]	[ø]
a.		
b.		
c.		
d.		

2. Notez les différentes graphies
des sons [e] et [ø].

COMMUNIQUEZ

◉● **Comment dire...**

■ **Rapporter les paroles de quelqu'un**
Elle a dit que…
Il a répondu que…
Ils ont demandé si…

■ **Téléphoner pour un travail**
Allô, bonjour, j'appelle pour
l'annonce/le travail.
Je suis libre en…
C'est payé combien ?

1. Vous avez appelé pour une des quatre
annonces de la page précédente.
Rapportez votre conversation à votre
voisin(e).

2. Vous avez travaillé pendant l'été.
Écrivez à votre ami(e) pour lui
raconter l'expérience.

18 Damien a une copine

DÉCOUVREZ

1. Observez les dessins. Cherchez un ordre.

2. Pour chaque dessin, imaginez ce que disent les personnages (deux phrases par dessin).

PRATIQUEZ

1. Mettez les phrases de la première partie du dialogue dans l'ordre.

   a. NADIA. Malheureusement pour moi, je crois que oui.

   b. DAMIEN. Bonjour les filles, j'ai des bonnes nouvelles à vous annoncer.

   c. DORIANE. Bien sûr, vous êtes invitées. C'est le 4 juillet.

   d. NADIA. Regarde, ce n'est pas Damien qui arrive ?

   e. EMMA. Merci. Nous sommes contentes d'apprendre ça. À bientôt, alors...

   f. DAMIEN. Dans 15 jours, on se fiance, Doriane et moi, et dans un mois, on déménage.

   g. DAMIEN. Oui, le mois prochain.

   h. EMMA. Oui, il est avec Doriane. Tu crois que c'est sa nouvelle copine ?

   i. EMMA. Ah oui, qu'est-ce que c'est, tes bonnes nouvelles ?

   j. EMMA. C'est super ! Vous allez faire une grande fête ?
   (Quelques instants plus tard.)
   NADIA. Je ne veux pas le croire ! Je suis déçue.
   EMMA. Pauvre Nadia ! Ne pleure pas ! Ce n'est pas grave ! Il y en a d'autres, des beaux garçons !

2. Écoutez le dialogue pour vérifier votre compréhension. ◉ ●

3. Notez les phrases qui expriment la joie, puis celles qui expriment la tristesse.

GRAMMAIRE

La place des adjectifs

■ Devant le nom

petit, grand, jeune, vieux, gros, beau, joli, bon, mauvais, long, gentil, nouveau
Un petit garçon, une longue avenue.

■ Après le nom

les nationalités, les formes géométriques, les couleurs
Une avocate camerounaise, une robe jaune, une table carrée.
Attention ! Avant ou après, n'oubliez pas d'accorder l'adjectif avec le nom.

■ Le présent à valeur de futur

Le futur peut être exprimé par les expressions suivantes *ce soir, cette année, dans 15 jours, dimanche prochain, bientôt, demain, après-demain, le 15 août.*
Demain, j'arrête de fumer. Dans un mois, on déménage. Ils arrivent le 15 août.

1. **Remettez les mots dans l'ordre pour faire des phrases.**
   a. . / pas / nouvelle / ce / bonne / est / n' / une
   b. ? / a / acheté / elle / carrée / table / vieille / cette
   c. . / Tanaka / belle / une / est / fille / japonaise
   d. ? / qu' / vert / truc / rond / est / ce / ce / c' / que / et
   e. . / Sylvia / jolie / très / une / est / femme / italienne

2. **Reliez pour faire des phrases.**
   a. C'est un ●   ● f. petite Nadia !
   b. Il y a deux ●   ● g. un joli vase bleu.
   c. Elle a trouvé ●   ● h. sa nouvelle copine
   d. Je n'aime pas ●   ● i. beau garçon italien.
   e. Pauvre ●   ● j. beaux chats siamois.

3. **Complétez les phrases comme vous voulez.**
   a. Demain, il …
   b. … dans 15 jours ?
   c. Le mois prochain, je … .
   d. … le 15 août.
   e. Bientôt, tu …

PRONONCEZ

Écoutez et répétez les phrases avec l'intonation. ◉◉
a. C'est génial ! C'est super !
b. Ce n'est pas possible.
c. J'aime bien cette fille !
d. Oh non ! Pas ça !
e. J'adore cette chanson.
f. Pauvre Nadia !
g. Il est vraiment formidable.
h. Non, ça ne va pas du tout.

COMMUNIQUEZ

Comment dire…

■ **Exprimer sa déception**
Je ne veux pas le croire.
Je suis très déçu(e)/triste.
C'est impossible.

■ **Exprimer sa satisfaction**
C'est bien.
J'aime bien ça.
Je suis content(e) d'apprendre…

■ **Consoler quelqu'un**
Ce n'est pas grave ! Ne pleure pas !

1. **Vous venez d'apprendre une nouvelle qui vous rend triste. Votre ami(e) vous console.**

2. **Vous écrivez à vos parents pour leur présenter un nouvel ami. Vous êtes enthousiaste !**

Leçon **18**

On finit avec des

Observez le dessin.

a. Pourquoi les gens se sont-ils réunis?

b. Qu'est-ce qu'ils font?

c. Écoutez le dialogue et vérifiez vos hypothèses.

PRATIQUEZ

1. **Complétez les paroles de la chanson de Jacques Brel comme vous voulez.**

Ce soir j'attends Madeleine,
j'ai apporté des ...
je les apporte toutes les semaines
Madeleine, elle ... bien ça.
Ce soir, j'attends Madeleine
on prendra le tram 33
pour ... des frites chez Eugène
Madeleine, elle aime tant ça.

Ce soir j'attends Madeleine,
on ... au cinéma
je lui dirai des « ... »
Madeleine elle ... tant ça.

Ce soir, j'attends Madeleine
mais il pleut sur mes ...,
il pleut, comme toutes les semaines
et Madeleine n'... pas

J'attendais Madeleine mais j'ai jeté mes ...,
je les ai jetés, comme toutes les semaines
Madeleine ne viendra pas.

© Éditions Pouchenel

2. **Écoutez et comparez avec votre production.** 🔊

3. **Écoutez encore et résumez la situation. Qui? Pourquoi? Quand?** 🔊

chansons !

GRAMMAIRE

◼ **Faire des hypothèses au présent**

Si + verbe au présent,
verbe qui suit au présent ou au futur
Si tu veux, on va au cinéma.
Si ça vous plaît, on chantera une chanson.
Attention ! si + il = s'il

Rappel
Ne confondez pas *si* = hypothèse
et *si* = réponse positive à une question
négative.

1. **Complétez la phrase comme
vous voulez.**

a. S'il chante cette chanson, je … .
b. Si tu recommences, … .
c. Si tu pars, … .
d. Si vous y allez, … .
e. Si tu le vois, … .

2. **Trouvez la question.**

a. Oui, si tu veux.
b. Si, c'est vrai.
c. S'il arrive, dis-le-moi.
d. Oui, si tu en prends.

PRONONCEZ

1. **Notez les groupes rythmiques.**

Ce soir j'attends Madeleine,
j'ai apporté des lilas.
Je les apporte toutes les semaines
Madeleine, elle aime bien ça.
Ce soir, j'attends Madeleine
on prendra le tram 33
pour manger des frites chez Eugène
Madeleine, elle aime tant ça.

2. **Chantez la chanson, de plus en plus
vite, puis de plus en plus lentement.**

COMMUNIQUEZ

👓 **Comment dire...**

◼ **Faire des hypothèses**
Si tu viens ce soir, on mangera au restaurant.
J'aimerais partir.

◼ **Féliciter quelqu'un**
Bravo, tu as réussi !
Félicitations pour votre diplôme.
C'est super, tu as bien travaillé !
Bon anniversaire !

1. **Complétez votre chanson.
Attention aux rimes !**

Ce soir, j'attends …
j'ai apporté des …
je … apporte …
…, … bien ça.
Ce soir, j'attends …
on …
pour …
…, elle aime tant ça.

2. **Maintenant, chantez !**

COMPRENDRE

ÉCOUTER

1. Écoutez le dialogue. Cochez vrai ou faux. 👁👁

		Vrai	Faux
a	La personne veut aller de la tour Eiffel à Bastille.	☐	☐
b.	Elle peut prendre le bus et le métro.	☐	☐
c.	Elle doit prendre la ligne 1, puis la ligne 9.	☐	☐
d.	Le changement se fait à la station Franklin-Roosevelt.	☐	☐
e.	Elle descend au Trocadéro.	☐	☐
f.	Elle doit prendre le bus 84.	☐	☐
g.	Le trajet est direct.	☐	☐
h.	En bus, c'est plus rapide.	☐	☐
i.	En bus, c'est plus long mais plus simple.	☐	☐

2. Écoutez les annonces et cochez à quel moyen de transport elles correspondent. 👁👁

	Avion	Bateau	Métro	Train
Annonce 1				
Annonce 2				
Annonce 3				
Annonce 4				

LIRE

3. Lisez le mode d'emploi. Soulignez les phrases qui correspondent à la photo.

a. Appuyez plusieurs fois sur la touche FONCTION jusqu'à ce que CD s'affiche.

b. Mélangez les ingrédients dans le bol.

c. Branchez l'appareil.

d. Chargez une cassette enregistrable.

e. Nettoyez toutes les pièces avant d'utiliser l'appareil.

f. Placez la farine et le beurre dans la cuve munie du couteau en métal.

ÉCRIRE

4. Vous êtes allé(e) au musée du Louvre ce matin. Envoyez une carte postale à un(e) ami(e) pour lui décrire ce que vous avez vu.

PARLER

1. Cet été, vous devez travailler pour gagner un peu d'argent. Vous êtes en entretien d'embauche. Présentez-vous à votre futur employeur.

DEUX PAR DEUX

2. Vous êtes à Belleville. Votre ami(e), qui ne connaît pas Paris, vous demande comment aller au musée du Louvre. Expliquez-lui le trajet sur le plan de métro qui se trouve à la fin du livre.

3. Cet été, vous voulez voyager en train. Renseignez-vous à la gare sur les tarifs accordés aux moins de vingt-cinq ans.

4. Vous êtes dans un magasin de vêtements avec un(e) ami(e). Vous discutez : dites ce que vous aimez, ce que vous n'aimez pas, indiquez le prix des articles...

QUELQUES ÉVÉNEMENTS SPORTIFS ET CULTURELS

Festivals et courses

1 Quels événements culturels ou sportifs français connaissez-vous ?

2 Observez les affiches et classez-les en événements culturels et en événements sportifs.

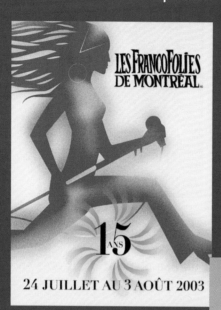

3 Quel est l'événement qui ne se déroule pas en France ?

4 Quels sont les événements sportifs et culturels qui sont importants dans votre pays ? Quels sont les événements suivis par les jeunes ?

Qu'est-ce qui s'y passe ?

5 Associez chaque événement avec l'une des propositions suivantes.
- **a.** un festival de rock
- **b.** un festival de cinéma
- **c.** une course de bateau
- **d.** un festival de chanson francophone

6 Regroupez-vous deux par deux. Vous voulez assister à l'une de ces six manifestations. Imaginez le programme, les artistes ou l'épreuve sportive que vous allez voir. Expliquez pourquoi vous voulez y aller. Présentez votre projet à la classe.

LES MÉTIERS PRÉFÉRÉS DES FRANÇAIS

1 Observez le classement ci-dessous.
Quelles sont les professions choisies par les filles et celles choisies par les garçons ?

2 Notez trois professions que vous rêvez d'exercer dans le futur.

3 Faites la liste des professions choisies par les garçons et par les filles de votre classe.

Le **hit-parade** des métiers rêvés des jeunes Français

Nous avons délibérément choisi de distinguer le choix des filles
de celui des garçons. La distinction est en effet intéressante.
Voici les dix premiers métiers choisis par chacun d'eux.

Le hit-parade des filles

1. professeure
2. journaliste
3. actrice
4. avocate
5. médecin
6. éducatrice
7. puéricultrice
8. coiffeuse
9. secrétaire
10. chanteuse

Le hit-parade des garçons

1. ingénieur
2. pilote d'avion
3. commercial
4. informaticien
5. professeur
6. acteur
7. footballeur
8. mécanicien
9. pompier
10. journaliste

(D'après le site de l'Onisep).

4 Comparez la liste de votre classe et le choix des jeunes Français.
Quelles sont les différences ? Et les similitudes ?

5 Jeu de rôles
Choisissez une des professions citées, votre voisin(e) en choisit une autre.
Discutez les avantages et les inconvénients de chacune.

■ **Les pronoms compléments d'objet indirect (COI) :**
ils remplacent toujours des personnes.

	Singulier	Pluriel
1re personne	me/m'	nous
2e personne	te/t'	vous
3e personne masc.	lui	leur
fém.	lui	leur

- Le pronom COI est presque toujours placé avant le verbe sauf à l'impératif.
  Tu as écrit à Emilie ? Non, je ne lui ai pas écrit. Écris-lui, alors !

■ **Le pronom y :** il remplace toujours une chose inanimée précédée de la préposition *à*.
Tu t'intéresses à la mode ? Oui, je m'y intéresse.
- Y peut remplacer aussi un groupe de mots évoquant le lieu ou la destination.
  La Bretagne, tu connais ? Oui j'y vais souvent.

1. **Complétez avec un pronom COI.**
   a. Je ... parle souvent dans le bus. *(à Emma)*
   b. Nous ... avons donné de l'argent. *(à Emma et Nadia)*
   c. Vous ... faites confiance ? *(aux Colin)*
   d. Vous ... prêtez notre appartement. *(aux Gatepin)*

■ **Les comparatifs :** formés de deux éléments, ils expriment une relation d'égalité
ou une relation de différence (supériorité ou infériorité).
- La supériorité : **plus** + adjectif ou adverbe + **que** + nom ou pronom
  Elle est plus sérieuse que son frère.
- L'égalité : **aussi** + adjectif ou adverbe + **que** + nom ou pronom
  Elle est aussi grande que lui.
- L'infériorité : **moins** + adjectif ou adverbe + **que** + nom ou pronom
  Nous sommes moins riches qu'eux.

Attention ! Comparatifs irréguliers
L'adjectif **bon** → **meilleur**. *Le chocolat noir est (bien) meilleur que le chocolat blanc.*
L'adjectif **mauvais** → **pire**. *Les résultats sont pires chez nous que chez vous.*
L'adverbe **bien** → **mieux**. *Elle parle beaucoup mieux français maintenant !*

■ **Les superlatifs :** ils permettent de comparer une qualité par rapport à un groupe.
Ils expriment le degré maximum ou minimum de cette qualité.
- Le maximum : **le (la, les) plus** + adjectif ou adverbe.
  C'est la plus rapide de tous.
- Le minimum : **le (la, les) plus** + adjectif ou adverbe.
  Il avance le moins rapidement du groupe.
- Le minimum ou le maximum : verbe + **le plus** / verbe + **le moins**
  C'est là qu'il a été le plus triste/le moins heureux.
Les superlatifs irréguliers correspondent aux comparatifs irréguliers.

2. Reliez pour trouver toutes les phrases possibles.

a. Il est
b. C'est mieux
c. Tu veux plus
d. Nous avons
e. Je suis

f. moins de chance que toi.
g. le meilleur !
h. comme ça.
i. le plus jeune.
j. de bonbons qu'elle ?

L'article partitif : il indique une partie d'un ensemble.
Cette partie ne peut pas être comptée. Elle est indéfinie.
- Singulier : **du** (masculin)   **de la** (féminin)   **de l'** (voyelle, masc. ou fém.)
- Pluriel : **des**. *Du pain, de la crème, de l'eau.*
- L'article partitif ne s'utilise que devant des noms de matière ou des noms abstraits, des éléments que l'on ne peut pas compter.

Attention ! Ne pas confondre :
- **du** : article **partitif**. *C'est du sucre* (article + nom).
- **du** : article **contracté**. *C'est le cadeau du frère de Paul* (nom + article contracté + nom).

Le pronom en : il remplace un nom précédé d'un article indéfini ou partitif.
Des frères, j'en ai deux. Du thé, j'en veux bien.

---

3. Complétez avec un partitif.

Pour faire cette recette, il faut … farine, … sucre, … œufs, et … lait. C'est simple, non ?

Les indicateurs de temps : ils permettent au locuteur de se situer dans le temps par rapport au moment présent. Ils expriment un moment, le moment de la situation du locuteur.
- Le présent : *aujourd'hui, maintenant, à notre époque, cette semaine, cette année…*
  Aujourd'hui, il fait un temps magnifique. Cette année, je travaille trop.
- Exprimer le passé par rapport au présent : *hier, avant-hier, la semaine dernière, l'année dernière, il y a deux jours, avant, autrefois…*
  L'année dernière, il a passé son bac.
- Exprimer le futur par rapport au présent : *demain, après-demain, la semaine prochaine, le mois prochain, l'année prochaine, dans deux jours…*
  Dans une semaine, je pars à l'étranger.

La durée : la durée exprimée peut être limitée ou non achevée.
- Durée limitée : *pendant, en*
  Elle part pendant une semaine en Afrique. En huit jours, elle a terminé son travail.
- Durée non achevée : *depuis*
  Nous avons commencé à rire depuis son arrivée.

---

4. Complétez le texte.

…, nous sommes le dimanche 12 octobre 2004. …, c'était le 11 octobre. …, nous serons le 14 octobre. Dans un mois, nous serons le … ; et dans un an, nous serons le 12 octobre … .

---

5. Cochez.

	Durée limitée	Durée non achevée
a. Elle est partie depuis un mois.	☐	☐
b. Ce stage dure 15 jours.	☐	☐
c. Pendant trois mois ?	☐	☐
d. Il a fini en deux jours.	☐	☐
e. Depuis hier, il dort.	☐	☐

Évaluation

1. Complétez les phrases avec : *boisson, coquet, en avance, musclé, le chocolat, la farine.*

a. J'avais rendez-vous à midi, il est 11 h 30, je suis ....

b. Il fait très attention à son apparence, il est ....

c. Depuis qu'il fait du sport, il est ....

d. Il faut faire fondre le chocolat et mélanger avec ....

e. Qu'est-ce que tu veux comme ... ? Un jus d'orange ? De l'eau ?

2. Reliez les contraires.

bonjour   •   • bonsoir
arriver   •   • partir
allumer   •   • éteindre
le jour   •   • la nuit
brancher   •   • débrancher

3. Complétez avec *je fais.../je joue...*

a. Je ... de l'équitation, j'adore les animaux.

b. Je ... du jogging, moi, j'adore courir.

c. Je ... de la natation, j'aime bien l'eau.

d. Je ... au tennis, j'adore Roland-Garros et Wimbledon.

e. Je ... au football, j'aime les sports d'équipe.

4. Reliez pour faire des phrases.

Tu peux me passer
une tranche   •   • de jambon ?
Qui veut
un morceau   •   • de pain ?
Je voudrais   •   • de l'eau, s'il vous plaît.

Pour la fête,
tu peux apporter
un paquet   •   • de biscuits ?
Tu veux   •   • du poulet ?

Les pronoms COD et COI

1. Complétez en choisissant le pronom qui convient.

a. Ce sont mes copains, je ... *(lui, leur, les)* vois tous les jours.

b. Elle habite loin, mais je ... *(la, le, lui)* téléphone chaque jour.

c. Je ... *(lui, le l')* ai vu hier. Il va bien.

d. Ils sont super tes rollers ! Tu ... *(les, le l')* a achetés hier ?

e. Je ... *(les leur, l')* ai dit de partir.

Ne... plus, ne... jamais

2. Complétez en conjuguant le verbe au présent ou au passé composé.

a. Je voudrais bien voir ce film, je ... *(ne le voir jamais)*.

b. J'ai perdu mon dossier, je ... *(ne plus avoir)*.

c. J'ai attendu, elle ... *(ne jamais venir)*.

d. Tu es jeune ! – Oui, mais je ... *(ne plus avoir)* 20 ans !

e. Il ... *(ne jamais oublier)* ton anniversaire.

Les pronoms *en* et *y*

3. Répondez aux questions.
a. Tu veux du gâteau ? Oui, ….
b. Tu penses à ton amie ? Oui, ….
c. Tu vas souvent à la piscine ? Oui, ….
d. Elle a combien de places de cinéma ? Elle … trois.
e. Mes clés, elles ne sont pas dans ton sac ? Si, elles ….

L'imparfait et le passé composé

4. Complétez les phrases.
a. Il y a quelques années, j'… *(habiter)* place des Fêtes, puis j'… *(déménager)*.
b. Je … *(déjeuner)* quand tu … *(arriver)*.
c. Je n'… pas … *(entendre)* le téléphone, j'… *(écouter)* de la musique.
d. Vous … *(être)* au lycée ? Je ne vous … jamais … *(rencontrer)*.
e. Ce week-end, on … *(fêter)* son anniversaire, c' … *(être)* super !

Le discours indirect

5. Mettez le dialogue dans l'ordre.
a. – C'était Marc.
b. – Il a dit que tu devais le retrouver ce soir à 20 heures.
c. – J'ai répondu que tu n'étais pas là. Il a demandé si tu pouvais le rappeler avant ce soir.
d. – Qu'est-ce que tu as répondu ?
e. – C'était qui au téléphone ?
f. – Qu'est-ce qu'il a dit ?

La quantité

6. Reliez.

Il faut verser un litre   •   • c'est un peu cher !
Tu dois ajouter 200 g   •   • Un ou deux ?
3 euros le kilo,   •   • de lait dans le bol.
Tu peux me passer une tranche   •   • de sucre.
Des œufs, il en faut combien ?   •   • de jambon ?

Le comparatif et le superlatif

7. Complétez.
a. Regarde, le sac à dos bleu ? Il est beau, mais il est … cher que le vert.
b. Ah ! Non, pour moi, le … beau c'est le vert. Le bleu, il est moche !! Et puis, il est … pratique et il est … grand.
Tu pars où ? En randonnée ou en soirée ?

On = nous / On = les gens

8. Indiquez si *on* signifie « nous » ou si *on* signifie « les gens ».
a. On part en vacances la semaine prochaine.
b. On ne peut pas venir ce soir, c'est vraiment dommage !
c. En France, on mange beaucoup de fromage.
d. Laurence et moi, on va se marier.
e. On m'a dit que le temps allait changer.

Si + présent + présent/futur

9. Mettez les mots dans l'ordre pour faire des phrases.
a. si / ensemble / Bretagne / en / vas / , / partira / on / tu / .
b. toi / . / attends / si / , / attendra / on / avec / Madeleine / tu
c. la / . / si / , / on / piscine / à / veux / ira / tu
d. si / on / as / se promener / , / . / peut / envie / tu
e. as / tu / , / à / . / dîner / t' / invite / faim / je / si

Les adjectifs

10. Mettez les mots dans l'ordre pour faire des phrases.
a. peinture / est / belle / une / italienne / . / c'
b. de / il / rollers / nouveaux / a / .
c. beau / acheté / ai / pull / . / un / j' / bleu
d. m' / rouge / a / vieux / donné / on / un / . / vélo
e. est / c' / agréable / une / rue / . / petite

PROJET

Visite insolite : un autre regard

Lisez le texte (d'après *Télérama*).

> Depuis 1999, l'association Belleville Insolite fait découvrir un autre Paris à des touristes étrangers, à des Parisiens, à des habitants du quartier…
>
> L'est de Paris, longtemps resté tache blanche sur la carte des excursions classiques, expérimente une nouvelle forme de tourisme. Au programme des parcours thématiques : «Belleville d'hier et d'aujourd'hui», «Belleville, sans frontières», «Rencontres à Babelville», «Paroles d'habitants»…

1 Objectifs

■ Faire visiter votre ville à un(e) ami(e) français(e). Vous devez éviter la visite touristique habituelle et proposer une idée originale pour faire découvrir un lieu.

■ Montrer qu'on est capable d'aborder un sujet de façon différente.

2 Préparation et principe

■ Faites des groupes de trois personnes.

■ Votre idée doit être originale et réalisable.

3 Organisation

■ Individuellement, faites la liste des particularités de votre ville. Pensez à de très simples choses : les bruits, les graffitis, les couleurs, les légendes... Dans votre ville, votre quartier, qu'est-ce que vous avez envie de raconter ? Qu'est-ce qui est différent ?

Qu'est-ce que vous aimez ? Qu'est-ce que vous avez envie de partager ?

■ Puis, mettez vos idées en commun ou bien essayez de trouver un lien logique entre vos différentes idées.

4 Réalisation

■ Réalisez une affiche et un dépliant pour communiquer votre idée aux autres. N'oubliez pas le slogan sur l'affiche.

5 Présentation

■ Vous présentez votre idée de visite à la classe.

■ Vous organisez une visite.

Le portfolio, qu'est-ce que c'est ?

Le Conseil de l'Europe a élaboré cet outil qui vous permet d'évaluer vos compétences langagières et votre connaissance des autres cultures.

Dans le portfolio, vous rassemblez toutes les expériences, scolaires et extra-scolaires, qui vous ont permis d'être en contact avec des langues étrangères, des comportements, des coutumes issus d'autres cultures.

Ce document vous sera utile pendant tout votre parcours d'apprentissage des langues. Plus tard, il vous servira pour votre vie professionnelle.

Dans votre manuel, *Belleville,* la partie portfolio vous permet d'évaluer vos compétences de communication langagières tout en suivant la progression des trois modules.

Comment l'utiliser ?

La première partie du portfolio, « Je suis polyglotte », vous permet de faire le point sur vos contacts avec différentes langues et cultures. Vous répondez aux questions proposées, vous pouvez aussi ajouter des remarques.

La deuxième partie « Je fais le point » vous permet de vous auto-évaluer par rapport à *Belleville.* Vous pouvez ainsi voir les objectifs atteints et les points qui restent à travailler. Vous cochez les cases correspondant à vos compétences.

Vous avez le choix entre trois possibilités :

☹ : je ne sais pas faire

😐 : je ne sais pas très bien faire

☺ : je sais faire.

«Je suis polyglotte»

Vous avez, comme chaque individu, des contacts avec d'autres langues et d'autres cultures. Quels sont-ils ?

Mes contacts avec les langues

Chez moi, dans ma famille, on parle :

....

J'apprends ces langues étrangères :

....

J'ai un correspondant qui m'écrit en :

....

Je lui réponds en :

....

J'ai des amis qui parlent :

....

J'ai rencontré et communiqué avec des gens qui venaient de :

....

J'ai des notions de : ....

Autre : ....

Mes contacts avec les autres cultures

Je suis allé(e) en vacances dans ces pays :

....

J'ai fait un stage à l'étranger :

....

Je mange quelquefois des plats d'autres pays :

....

J'ai lu un roman ou une bande dessinée :

....

J'ai vu des films étrangers :

....

J'écoute de la musique qui vient de :

....

Je regarde des émissions à la télévision sur des chaînes étrangères :

....

Dans ma ville, mon quartier, je connais des gens d'autres cultures :

....

J'ai visité un musée, j'ai vu une exposition sur un artiste étranger :

....

Je suis allé(e) à un concert avec des artistes étrangers :

....

« Je fais le point »

Quand j'écoute, je comprends : ☹ 😐 🙂

module 1

- les expressions pour saluer et se présenter ☐ ☐ ☐
- les conversations simples sur l'identité, les goûts ☐ ☐ ☐
- la description d'une personne ☐ ☐ ☐
- une conversation téléphonique simple ☐ ☐ ☐
- les activités quotidiennes, les horaires ☐ ☐ ☐

module 2

- des informations sur le temps qu'il fait ☐ ☐ ☐
- des indications de temps ☐ ☐ ☐
- des noms de pays ☐ ☐ ☐
- une annonce ou un message sur un répondeur ☐ ☐ ☐
- un itinéraire sur un plan ☐ ☐ ☐

module 3

- la description d'une situation et d'un événement passés ☐ ☐ ☐
- les arguments et l'avis d'une personne ☐ ☐ ☐
- les explications sur le fonctionnement d'un objet ☐ ☐ ☐
- des indications sur un lieu ☐ ☐ ☐
- des indications sur le temps (présent, passé, futur) ☐ ☐ ☐

Quand je lis, je comprends : ☹ 😐 🙂

module 1

- des documents portant sur l'identité d'une personne ☐ ☐ ☐
- un arbre généalogique ☐ ☐ ☐
- un plan d'appartement ☐ ☐ ☐
- un programme de radio ☐ ☐ ☐
- un extrait de journal intime ☐ ☐ ☐

module 2

- un mail ☐ ☐ ☐
- un calendrier ☐ ☐ ☐
- une carte du monde ☐ ☐ ☐
- un plan de ville ☐ ☐ ☐
- une enquête ☐ ☐ ☐
- un article de journal simple ☐ ☐ ☐
- le programme d'une association ☐ ☐ ☐

module 3

- une recette de cuisine ☐ ☐ ☐
- un mode d'emploi ☐ ☐ ☐
- un tract pour une manifestation ☐ ☐ ☐
- une petite annonce pour un emploi ☐ ☐ ☐
- des interviews simples ☐ ☐ ☐

«Je fais le point»

Dans une situation de communication, je peux :   ☹ 😐 🙂

module 1

- saluer, me présenter, présenter quelqu'un ☐ ☐ ☐
- dire *tu* ou *vous* ☐ ☐ ☐
- demander ou donner des informations sur moi ou mes proches ☐ ☐ ☐
- demander ou donner des informations sur des activités ☐ ☐ ☐
- exprimer des sentiments et caractériser ☐ ☐ ☐

module 2

- parler de ce que je sais (ou pas) faire ☐ ☐ ☐
- parler de ce que je connais (ou pas) ☐ ☐ ☐
- demander ou donner des informations sur le temps qu'il fait ☐ ☐ ☐
- situer des événements dans le temps (passé, présent, futur) ☐ ☐ ☐
- organiser mon récit ☐ ☐ ☐
- suggérer, accepter ou refuser une suggestion ☐ ☐ ☐
- situer dans l'espace ☐ ☐ ☐
- utiliser l'impératif pour donner un ordre ou encourager quelqu'un ☐ ☐ ☐
- poser des questions ☐ ☐ ☐

module 3

- donner mon avis sur une expérience ☐ ☐ ☐
- comparer des activités ☐ ☐ ☐
- expliquer un fonctionnement ☐ ☐ ☐
- raconter ce qui s'est passé ou dit ☐ ☐ ☐
- donner mon avis ☐ ☐ ☐

Je peux écrire ou remplir :   ☹ 😐 🙂

module 1

- un document identitaire simple ☐ ☐ ☐
- un mail ☐ ☐ ☐
- compléter un plan d'appartement ☐ ☐ ☐
- compléter un programme avec les jours et les horaires ☐ ☐ ☐
- décrire mes activités quotidiennes dans mon journal intime ☐ ☐ ☐

module 2

- une carte postale ☐ ☐ ☐
- raconter la vie de quelqu'un ☐ ☐ ☐
- les pays sur une carte du monde ☐ ☐ ☐
- un slogan pour un produit ☐ ☐ ☐
- une enquête ☐ ☐ ☐
- faire une liste de ce que je dois faire et de ce que j'ai envie de faire ☐ ☐ ☐

module 3

- une recette de cuisine facile ☐ ☐ ☐
- faire un projet pour son quartier ☐ ☐ ☐
- écrire un mode d'emploi ☐ ☐ ☐
- demander des informations pour une visite ☐ ☐ ☐
- rapporter une expérience ☐ ☐ ☐
- écrire une lettre pour présenter quelqu'un ☐ ☐ ☐

«Je fais le point»

Quand je **parle**, je sais : ☹ 😐 ☺

module 1

- donner mon identité ☐ ☐ ☐
- demander/donner l'identité de quelqu'un ☐ ☐ ☐
- demander/donner des informations sur un programme ☐ ☐ ☐
- dire mes goûts et mes préférences ☐ ☐ ☐
- décrire une personne ☐ ☐ ☐

module 2

- parler de ce que j'ai fait, de ce que je fais, de ce que je ferai ☐ ☐ ☐
- raconter des souvenirs ☐ ☐ ☐
- dire que j'entends mal ☐ ☐ ☐
- laisser un message sur un répondeur ☐ ☐ ☐
- composer une annonce ☐ ☐ ☐
- parler de mes projets, de l'avenir ☐ ☐ ☐

module 3

- parler de ce qui a changé ☐ ☐ ☐
- comparer les avantages et les inconvénients ☐ ☐ ☐
- proposer une solution à un problème ☐ ☐ ☐
- exprimer des sentiments ☐ ☐ ☐
- faire des hypothèses ☐ ☐ ☐

La France, les Français et la francophonie ☹ 😐 ☺

module 1

- Je connais quatre pays appartenant à la francophonie. ☐ ☐ ☐
- Je peux citer dix prénoms français. ☐ ☐ ☐
- Je peux faire deux gestes compris par les Français. ☐ ☐ ☐

module 2

- Je peux citer quatre monuments à Paris. ☐ ☐ ☐
- Je connais deux musées parisiens. ☐ ☐ ☐
- Je peux citer deux lieux différents à Belleville. ☐ ☐ ☐

module 3

- Je peux placer cinq villes françaises sur la carte de France. ☐ ☐ ☐
- Je connais au moins cinq Français célèbres. ☐ ☐ ☐
- Je connais au moins deux événements culturels français. ☐ ☐ ☐

Transcriptions

leçon 0 Ç'est français !
page 12
2. **a.** Happy birthday !
b. Bon anniversaire !
c. Buon compleanno !
a. Auf geht's !
b. Vamos !
c. On y va !

page 13
3. **A.** – Vous êtes française ?
– Oui, pourquoi ?
– Juste comme ça...
B. – Qu'est-ce que tu prends ?
– Moi ? Un café.
– Bonne idée. Moi aussi. Deux cafés s'il vous plaît.
C. – Taxi, s'il vous plaît !
– Oui, vous allez où ?
– Rue de Belleville.
– C'est parti !
D. – Bonjour mademoiselle, votre passeport s'il vous plaît.
– Mon passeport ? Le voilà.
– Merci.

module 1

leçon 1 Ça va !
page 22
1. **A.** EMMA. Salut, Nadia. Tu vas bien aujourd'hui ?
NADIA. Oui, ça va, merci. Et toi ?
EMMA. Moi, ça va. À bientôt !
NADIA. Oui. À bientôt.
B. *On frappe à la porte.*
M. CATEL. Qui est-ce ?
LE FACTEUR. C'est le facteur.
On entend la porte s'ouvrir...
LE FACTEUR. Bonjour monsieur Catel !
M. CATEL. Un paquet ? Une lettre ? Merci.
LE FACTEUR. Vous allez bien aujourd'hui ?
M. CATEL. Oui, très bien. Merci.
LE FACTEUR. La famille Colin, c'est ici ?
M. CATEL. Non, c'est 17, rue de Belleville.
LE FACTEUR. Merci. À bientôt monsieur Catel.
C. LE FACTEUR. Martine Colin.
MME COLIN. Oui, c'est moi.
LE FACTEUR. Un magazine pour vous.
MME COLIN. Un magazine ? Ah oui. Merci.

leçon 2 Radio Belleville, j'adore !
page 25
GRAMMAIRE
3. la mode – la pluie – la musique – les musiques – les copains – le magazine

PRONONCEZ
4. Il aime. – Ils aiment. – Elles adorent. – Elle adore.

Elle est comment ?
page 26
2. **Dialogue 1.** *Madame Colin questionne son fils Antoine sur Nadia.*
MME COLIN. Antoine, elle est comment, Nadia ?
ANTOINE COLIN. Elle est brune.
MME COLIN. Elle est grande ou petite ?
ANTOINE COLIN. Bof, elle est moyenne.
MME COLIN. Et elle a les yeux bleus ?

ANTOINE COLIN. Non, elle n'a pas les yeux bleus..
MME COLIN. Alors, verts, noirs ?
ANTOINE COLIN. Pourquoi tu me demandes ça, maman ?
MME COLIN. Comme ça...
Dialogue 2. *Yvonne Gatepin parle avec une cliente de madame Nitouche.*
LA CLIENTE. Madame Gatepin, c'est qui, la dame, là ?
MME GATEPIN. Quelle dame ?
LA CLIENTE. La grande dame, là. Avec les cheveux courts et les lunettes de soleil !
MME GATEPIN. C'est madame Nitouche !
LA CLIENTE. Madame qui ?
MME GATEPIN. Madame Nitouche, elle habite au 36, dans la belle maison.
LA CLIENTE. Ah, oui ! Elle n'a pas son petit chien aujourd'hui.
MME GATEPIN. Mais madame ! Nous n'acceptons pas les chiens dans les magasins !

page 27
PRONONCEZ
a. Elle est brune ? Non, châtain. – **b.** Elle est comment ? Blonde et petite. – **c.** Il est petit et roux. Il a les yeux verts. – **d.** Grande, rousse, elle a un petit chien, c'est Madame Nitouche. – **e.** Sympathique ? Non, pas vraiment !

leçon 3 C'est ma carte !
page 28
A. M. COLIN. Bonjour madame. Je voudrais une carte de bibliothèque, s'il vous plaît. C'est pour mon fils.
LA BIBLIOTHÉCAIRE. Oui... Son nom et son prénom, s'il vous plaît ?
M. COLIN. Son nom, c'est Colin.
LA BIBLIOTHÉCAIRE. Colin, avec un *l* ou deux *l* ?
M. COLIN. Avec un *l*. C.O.L.I.N.
LA BIBLIOTHÉCAIRE. Merci. Son prénom ?
M. COLIN. Antoine.
LA BIBLIOTHÉCAIRE. Son adresse ?
M. COLIN. 17, rue de Belleville, 75020 Paris.
B. NADIA. Salut. Moi, c'est Nadia. Tu t'appelles comment ?
ANTOINE. Colin, euh... Antoine.
NADIA. Ton prénom, c'est Antoine ou c'est Colin ?
ANTOINE. Mon prénom, c'est Antoine et mon nom de famille, c'est Colin.
NADIA. Ton adresse ?
ANTOINE. J'habite 17, rue de Belleville à Paris.
NADIA. Ton numéro de téléphone ?
ANTOINE. 01 43 58 69 12.
NADIA. Ton âge ?
ANTOINE. J'ai 18 ans.
NADIA. Tu as une photo ?
ANTOINE. Oui, oui... euh... voilà.
NADIA. Bien. Voici ta carte.
ANTOINE. Merci beaucoup.
NADIA. À bientôt.

page 29
DICTÉE
une bibliothèque – Belleville – à bientôt – merci – je voudrais – son paquet – sa famille

delf cadre européen A1
1. Bonjour, je voudrais des cartes de visite.
– Bien, monsieur. Vos nom, prénom et profession ?
– Michel Petit, P.E.T.I.T., je suis photographe.
– Votre adresse ?
– J'habite 38, rue de Belleville à Paris.
– Votre numéro de téléphone, s'il vous plaît...

– C'est le 01 45 87 24 65.
– Vous avez un mail ?
– Oui, bien sûr. C'est mpetit@wanadon.com

leçon 4 Une radio, mais pourquoi ?
page 36
« Un paquet, quelle surprise ! Où sont mes ciseaux ? Sur la table ? Non, ils ne sont pas sur la table. Sur la table, il y a mes lunettes et à côté de mes lunettes, mon journal. Et dans le tiroir ? À gauche, je range mes couverts et à droite ma serviette. Pas de ciseaux. Non, ils ne sont pas dans le tiroir. Mais, qu'est-ce qu'il y a sous le journal ?
Mes ciseaux !!!
Hop ! Je coupe la ficelle. Mais qu'est-ce que c'est ? C'est gris, avec des boutons... Et ça, c'est quoi ? Une antenne !
Oh ! C'est un poste de radio !! Un poste de radio... Mais pourquoi ? »

leçon 5 En direct de Radio Belleville
page 41
GRAMMAIRE
1. EMMA. Moi, je choisis la cuisine et Tiziano Ferró.
NADIA. Les films français, j'adore !
BASTIEN. La cuisine ! Bof !
M. ET MME COLIN. L'actualité, c'est important !

PRONONCEZ
1. soir – choisis – cinéma – émission – musique – histoire – surprise – choisissez – recette – zoo

C'est bizarre...
page 42
– Bonjour, Bastien au micro de Radio Belleville. Aujourd'hui, dans Les Bruits de la rue, on est très contents. Pourquoi ? Parce que M. Catel raconte une histoire, son histoire. C'est une belle histoire, mais c'est aussi une histoire bizarre.
À vous, Marcel !
– Bonjour, je suis Marcel, Marcel Catel. J'ai 80 ans et j'habite rue de Belleville, vous savez, en face de la boulangerie. Mercredi, le facteur dépose un gros paquet chez moi, un gros paquet jaune. Je regarde le paquet, je retourne le paquet. Je cherche l'adresse : le destinataire, c'est bien moi ! Mais l'expéditeur ? Je ne connais pas l'expéditeur. C'est bizarre. J'ouvre le paquet, qu'est-ce que je vois ?
Un beau poste de radio.
Voici mon message : expéditeur inconnu, merci. C'est très gentil. Maintenant, je suis heureux. J'écoute la radio le matin, l'après-midi, le soir... C'est merveilleux.

page 43
DICTÉE
radio – font – aussi – gros – votre – on – beau

PRONONCEZ
2. a. Maman, on va où ? – b. Le gros paquet est sur la table. – c. Un poste de radio ? Mais pourquoi ? – d. Il raconte une belle histoire. – e. Bonjour !

leçon 6 Allô, allô...
page 44
NADIA. Allô ! Bonjour, c'est Nadia. Est-ce que je peux parler à Emma, s'il vous plaît ?
M. COLIN. Bonjour Nadia. Emma, c'est pour toi ! Un moment, elle arrive.
EMMA. Allô ? Salut Nadia ! Qu'est-ce qui se passe ? Il y a un problème ?
NADIA. Je t'appelle pour notre sortie. Est-ce que tu es toujours d'accord ?
EMMA. Oui bien sûr, on se retrouve à six heures place des Fêtes.
NADIA. D'accord.

delf cadre européen
page 48
1. Moi, j'ai trois enfants : deux filles et un garçon. Olive et Omar sont jumeaux. Ils sont jumeaux mais très différents. Ils ont 16 ans. Omar adore la musique. L'après-midi, il regarde l'émission Hip hop de 14 h à 15 h. Olive, elle, adore les animaux, elle regarde Le Monde sauvage chaque samedi de 13 h à 14 h et le football. Ophélie, leur petite sœur, a 3 ans. Elle regarde les dessins animés. En général, c'est le matin de 7 h à 8 h. L'émission s'appelle Debout les zouzous. Moi, j'aime le cinéma, les films. En général, c'est le soir de 20 h 30 à 22 h.

Civilisation
page 51
1. a. Salut Léa, tiens, c'est Julien.
– Bonjour. Moi, c'est Marion. C'est toi, le copain de Camille ?
b. François, je te présente ma cousine Chloé.
– Bonjour Chloé, moi je suis Jules, le frère de Pierre.
c. Mesdames, messieurs, bonjour. Je suis Michel Dufour, président de la société France Express.

Évaluation
page 55
a. Je sais pas. – b. Nous n'aimons pas les chiens. – c. C'est pas mes lunettes. – d. Nous n'avons pas de chats.

---

module 2

leçon 7 Quel temps !
page 58
1. MME GATEPIN. Nadia, je sors. Tu me remplaces. Charles rentre cet après-midi vers 3 h et moi vers 8 h. Il est quelle heure s'il te plaît ?
NADIA. Il est environ midi.
MME GATEPIN. Midi ! Zut, mon rendez-vous. Il fait quel temps ce matin ? Il fait froid ?
NADIA. Oui, il fait mauvais, il y a du vent et il pleut.
M. SOUD. Bonjour, une baguette bien cuite, s'il vous plaît. Quel temps ! Je viens de rentrer de vacances... J'évite les vacances scolaires... Eh bien le retour est difficile ! La température est de 3 degrés. Le froid, quelle horreur !
NADIA. Nous sommes en hiver, il fait froid, vous savez, c'est normal... au mois de décembre.
M. SOUD. Je sais, je sais... Oh ! Et puis il fait chaud dans votre boulangerie, c'est terrible. À bientôt !
NADIA. Au revoir ! Oh ! ce client, quel râleur !! Tiens un dossier ! Qu'est-ce que c'est ?
CHARLES. Salut Nadia ! Ma mère est là ?
NADIA. Non, elle vient de partir, elle rentre ce soir.

J'ai trouvé un dossier !
page 60
EMMA. Ça va Nadia, tu es prête ? Tu prends ton sac ?
NADIA. Oui, je suis prête.
EMMA. Qu'est-ce que tu fais avec ce dossier, on va à la piscine !!
NADIA. Tu veux savoir ? Hier, j'ai travaillé à la boulangerie.
EMMA. Tu as travaillé hier ? Oui, moi aussi...
NADIA. Bon, je peux continuer ? Hier, donc, j'ai remplacé madame Gatepin pour la journée. J'ai eu un client pénible. Il a oublié un dossier. Dans le dossier, j'ai trouvé une photo et un message étrange. J'ai vu Charles hier...
EMMA. Tu n'as pas raconté à Charles cette histoire ?
NADIA. Oh non, tu veux voir la photo et le message ?
EMMA. Oui, c'est vrai, c'est bizarre.

leçon 9 Je me souviens...
page 66

MARCEL CATEL. Alors cette photo, Nadia, tu me la montres ?

NADIA. Oui, bien sûr.

MARCEL CATEL. Oui, c'est bien moi. Je me souviens très bien de ce jour-là. Là c'est Sidney un vieil ami et puis là, c'est Sidonie. Le jour où je l'ai rencontrée, ma vie a changé. Je ne peux pas te dire pourquoi. Qu'est-ce que tu veux savoir ?

NADIA. Alors, Sidonie, vous la connaissez. Marcel, la maison rose, rue des Rigoles... eh bien, elle appartient à Sidonie et elle ne le sait pas. Vous avez des nouvelles ? Vous connaissez son adresse ?

MARCEL CATEL. Son adresse, oui je l'ai. Tu attends une minute. Tiens tu peux lire ? Je sais lire mais sans mes lunettes, je ne peux pas.

NADIA. Oh ! elle habite loin. Mais elle a une adresse électronique.

MARCEL CATEL. Je vais écrire la lettre.

NADIA. Je peux l'envoyer cet après-midi.

PRATIQUEZ

3. a. Je t'ai rencontré en 1940.
b. Je t'attends depuis une heure.
c. J'apprends le français depuis des années.
d. Tu attends une minute.

page 67
DICTÉE

a. Tu as l'heure, s'il te plaît ? – **b.** Tu veux déjeuner ? – **c.** Ils sont allés au lycée. – **d.** Cette nouvelle, quelle horreur !

J'ai reçu un truc...
page 68

NADIA. Allô, Marcel ?

MARCEL. Allô, allô ?

NADIA. Marcel vous m'entendez ?

MARCEL. Allô, allô, qui est à l'appareil ? Je vous entends mal.

NADIA. Marcel ! C'est Nadia !

MARCEL. Ah ! Nadia ! Bonjour !

NADIA. Marcel, j'ai reçu un truc... un machin euh... un message de Sidonie !

MARCEL. Un mail ! Tu veux bien le lire ?

NADIA. Oui, vous écoutez bien alors...
Cher Marcel,
Des nouvelles ! Quel plaisir ! Comment vas-tu ?
Je vis aujourd'hui en Inde. J'ai déménagé souvent ces dernières années. J'ai vécu au Canada pendant deux ans puis aux Antilles pendant quatre ans. Tu sais, je n'ai pas l'intention de rentrer en France. L'année dernière, j'ai acheté un billet pour la France, puis la veille de mon départ j'ai annulé mon voyage. Le lendemain, j'ai pris un billet pour l'Inde. Ma vie est ici. Cette maison à Paris ne m'intéresse pas. Elle est à toi.
Tu peux venir me voir. Je t'invite. Alors quand viens-tu ?
Ton amie Sidonie.

delf cadre européen
page 70

1. Le ciel est très nuageux dans le Nord.
À Lille, la température est de 3 °, le ciel est couvert, risque de pluie.
À Paris, le temps est froid pour la saison, 4 °, là encore le ciel est nuageux.
Dans le Sud, les températures sont basses pour la saison. À Lyon nous avons des éclaircies et une température de 7 °.
Enfin, à Marseille, il fait beau comme d'habitude, le soleil brille. Il fait 13 °.

2. Radio Belleville, voici les annonces de la journée :

Annonce 1

– Bonjour, c'est Marc Rollo, voilà, j'ai un petit problème. Hier, j'ai pris mon scooter et je suis allé chercher la robe de mariée de ma sœur. J'arrive à la maison et là la robe... eh bien... Voilà, j'ai perdu dans la rue la robe de mariée de ma sœur. Vous avez trouvé une robe ? Merci de me téléphoner au 06 23 45 76 89, c'est une urgence !

– Monsieur pouvez-vous épeler votre nom s'il vous plaît pour les auditeurs ?

– Alors, R.O.L.L.O, R.O 2 L 0, Marc.

Annonce 2

– Bonjour, c'est Rémi Lepoivre, j'ai perdu mon chat. Ce matin, je suis sorti comme d'habitude avec mon chat, je l'emmène au parc le matin. Et puis, j'ai rencontré madame Nitouche alors on a discuté un peu, je parle de mon chat et elle de son chien, je la connais bien madame Nitouche, elle est gentille. Lulu a disparu, oui, Lulu c'est le nom de mon chat. Il a disparu. Mon chat est noir.

– Vous pouvez épeler votre nom et laisser votre numéro de téléphone s'il vous plaît ?

– Mon prénom c'est Rémi et mon nom de famille c'est L.E.P.O.I.V.R.E, Lepoivre...

– Merci.

Annonce 3

Bonjour c'est Léa, je recherche un appartement. Je suis arrivée à Paris il y a deux mois, je travaille au Zèbre, je suis clown. Cette annonce est sérieuse, vous pouvez me joindre au 06 78 90 45 32. Mon nom de famille c'est B.0.Z.0. Bozo.

leçon 10 La maison du quartier
page 74
DÉCOUVREZ

Radio Belleville

Écoutez attentivement ce message très important.

Vous avez entre 15 et 25 ans ? Vous avez des idées, envie de vous engager ? La maison du quartier ouvre ses portes aux associations. Venez créer votre association. Envoyez vos projets et/ou venez à la réunion le 15 mars prochain à 17 h. Pour d'autres renseignements, appelez le 01 45 67 98 23.

PRATIQUEZ

1. a. Bonjour, vous êtes bien au 01 43 45 76 21. Nous ne sommes pas là pour le moment, mais vous pouvez laisser votre message après le bip sonore.
b. Allô, c'est Bastien, tu connais la nouvelle, Marcel Catel donne la maison aux jeunes du quartier. Rappelle-moi au 01 54 67 88 99 après 19 h. J'ai cours toute la journée.

3. a. Vous êtes bien à la boulangerie Gatepin, nous sommes ouverts de 7 h à 20 , 7 jours sur 7.
b. Allô, allô, les sapeurs-pompiers vont vous répondre. Ne quittez pas !
c. La piscine municipale est fermée pendant les vacances.

4. a. Allô, vous êtes bien chez Sophie et Frédéric, nous sommes absents. Laissez-nous un message.
b. C'est Anne, il est dix heures, je t'attends depuis une heure. Appelle-moi sur mon portable.
c. Vous êtes bien chez Gene, je suis à Paris, laissez-moi un message et je vous rappelle.
d. Salut, je tombe toujours sur ton répondeur, c'est casse-pieds.

page 75
GRAMMAIRE

3. a. Envoyez-moi la réponse tout de suite.
b. Écoutez-moi !
c. Appelle-le !
d. Sois clair, je ne comprends pas.

C'est où ?
page 76
DÉCOUVREZ
2. Marcel Catel habite au 4e étage.
Les Gatepin au premier.
Les Colin au cinquième.
Et les Cheki au sixième.

PRATIQUEZ
HUANA. Excusez-moi, je voudrais aller à la maison du quartier ?
UN PASSANT. La maison du quartier où il y a une réunion ?
HUANA. Oui, c'est ça.
LE PASSANT. Alors, c'est très simple, prenez la rue de Belleville, continuez tout droit, ne tournez pas à gauche mais à droite. Ne passez pas devant la boulangerie Gatepin, ils ne sont pas sympas ! Ensuite, traversez la rue, prenez la deuxième à droite puis la troisième à gauche. La maison du quartier est là. Vous ne pouvez pas vous tromper. Vous avez compris ?
HUANA. Je ne suis pas sûre. Vous n'y allez pas par hasard ?
LE PASSANT. Si, j'y vais.

page 77
COMMUNIQUEZ
– Tiens, regarde, on est ici, ça c'est l'avenue Ledru-Rollin. On est au coin de la rue de Charenton.
– Et c'est la première à gauche ?
– Mais non, tu n'as pas le sens de l'orientation. On prend cette rue là, la rue de Cotte. C'est la quatrième à gauche. On passe devant la boutique de mode, le bistrot et on va jusqu'à la rue Théodore Roussel. C'est juste au coin à droite. Ça s'appelle « Le Baron rouge ».

leçon 11 Bastien enquête...
page 78
PRATIQUEZ
1. Dans mon quartier, oui, j'aime beaucoup les jardins. Le parc de Belleville par exemple est superbe. L'ambiance ? Oui, l'ambiance est très bonne. Je mets une croix à « beaucoup ». Les commerces... un peu... Les activités culturelles ? Oui, j'aime beaucoup sortir. Vous connaissez Le Zèbre ? C'est unique à Paris.

Unicité
page 81
PRONONCEZ
1. a. Tu ris ? – b. Tu lis ? – c. C'est rond. – d. C'est long. – e. Un baron. – f. Un ballon.

leçon 12 Je serai volontaire !
page 82
MME COLIN. Tiens, Emma c'est bientôt les vacances ! Qu'est-ce que tu vas faire ?
EMMA. D'abord, je vais me reposer...
MME COLIN. Oui, enfin, tu ne vas pas te reposer pendant quinze jours.
EMMA. Attends, je n'ai pas fini. Je vais me reposer puis je serai volontaire.
MME COLIN. Volontaire mais tu feras quoi?
EMMA. Je collecterai des livres pour les enfants. Tu sais pour l'association Unicité.
MME COLIN. Et tu commences quand ?
EMMA. La semaine prochaine, lundi prochain en fait.
MME COLIN. Et ton frère ? Il a des projets ?
EMMA. Mon frère ? Oui, il a des projets. Il sera là ce soir.

Un billet d'avion !
page 84
NADIA. Bastien, quand tu pourras, tu me donneras le pro-

gramme des actions de l'association. On pourra l'annoncer à la radio dans la semaine.
BASTIEN. Tu veux le programme ? Il est là. Regarde !
NADIA. C'est intéressant ! Qu'est-ce que c'est ? Un billet d'avion pour Marcel.
BASTIEN. Nous voulons le remercier. Avec un billet d'avion pour l'Inde, il pourra retrouver Sidonie.
NADIA. C'est génial ! Mais, je ne peux pas parler du billet à la radio.

page 85
PRONONCEZ
a. Tu seras là, ce soir ? – b. Je ne dîne pas avec toi. – c. Il partira sans moi. – d. Moi, je pars ! – e. Qu'est-ce que tu me proposes ?

delf cadre européen
page 86
– Allô, salut Cécile, je suis à la sortie du métro Belleville, je fais comment pour aller chez toi ?
– Salut Thomas, tu es au métro Belleville, mais je t'ai dit de descendre à la station Botzaris ? C'est pas grave. Bon, tu prends la rue de Belleville, tu la vois, elle est juste en face de toi.
– Rue de Belleville, attends, oui, je vois. Euh, non c'est marqué boulevard de Belleville.
– Je te dis rue de Belleville, pas boulevard de Belleville !
– Bon une minute, c'est bon, je l'ai trouvée.
– Quand tu es dans la rue de Belleville tu prends la deuxième à gauche. C'est la rue Rébeval, je crois.
– Oui, j'y suis.
– Rue Rébeval, tu prends la première à droite, la rue Pradier. Tu tombes sur la rue Fessart, et j'habite au numéro 2. Je descends pour t'ouvrir, il y a un code en bas.

Évaluation
page 93
3. a. Elle n'a pas terminé ses études. – b. Il n'a pas compris. – c. Elle a parlé. – d. Ils ne sont pas arrivés.

8. a. Dans un an, j'habiterai à Toulouse. – b. La semaine prochaine, je pars au Mexique. – c. Ce soir, j'ai envie de sortir. – d. Je donnerai les clés à la boulangère. – e. Tu viendras à quelle heure ?

module 3

leçon 13 Vous portiez des blouses ?
page 96
ANTOINE COLIN. Vous aviez quel âge sur cette photo, Marcel ?
MARCEL. Là ? Ah, j'étais jeune, j'avais ton âge. J'allais en cours, comme toi. Mais c'était très différent.
ANTOINE. Différent, comment ça ?
MARCEL. Eh bien, par exemple, Sidonie et moi, nous n'étions pas dans la même classe.
ANTOINE. Ah bon, mais pourquoi ?
MARCEL. Parce que les filles et les garçons étaient séparés ! Il y avait des classes pour les filles et des classes pour les garçons !
ANTOINE. Ça alors ! Quelle idée !
EMMA. Moi, j'aime bien cette idée. Et vous portiez une blouse ?
MARCEL. Oui, les garçons portaient une blouse grise et les filles une blouse rose. Ce n'était pas très gai !
EMMA. Oui, mais, comme ça, on ne voyait pas les différences.
ANTOINE. Quelles différences ?
EMMA. Entre les gens riches et les gens pauvres. Tout le monde était pareil !

ANTOINE. Alors Marcel, les jeunes ne pouvaient pas aller en classe habillés comme ils voulaient ?
MARCEL. Si, mais il fallait mettre une blouse en cours ! Et les filles ne portaient jamais de pantalons. Cela ne se faisait pas !
ANTOINE. Heureusement, ce n'est plus comme ça aujourd'hui !

page 97
Prononcez
1. a. Nous pouvons les voir. – **b.** Nous pouvons les voir. – **c.** Vous saviez ça ! – **d.** Vous savez ça !

2. Nous faisions des photos.

On a bien roulé !
page 98
ANTOINE. Tiens, il y a une randonnée en rollers ce soir, on y va ?
CHARLES. Oh, moi, les rollers, tu sais...
ANTOINE. Quoi ? Mais, c'est plus sportif que ton scooter !
CHARLES. D'accord, mais c'est plus fatigant et c'est moins rapide.
ANTOINE. Une rando en rollers, c'est vraiment une bonne idée. On rencontre des copains. Et aussi des copines.
CHARLES. Le scooter, c'est plus efficace que les rollers avec les filles. Elles préfèrent. On va plus vite qu'avec les rollers.
ANTOINE. Ce n'est pas sûr. L'important, ce n'est pas d'aller vite.
CHARLES. C'est quoi, alors ?
ANTOINE. Ben... Rencontrer des gens, par exemple. C'est plus important que la vitesse, non ?
CHARLES. Peut-être. Mais aujourd'hui, on aime la vitesse !
ANTOINE. Qui on ? Pas moi. Pas tout le monde. Alors, tu viens à cette rando ?
CHARLES. Euh... tu sais, les rollers, je n'ai jamais essayé...

leçon 14 Qu'est-ce qui t'est arrivé ?
page 100
MARTINE COLIN. Bonsoir chéri ! Tu as acheté le pain ?
M. COLIN. Oui, je l'ai acheté.
EMMA. Bonsoir papa ! Tu as une drôle de tête. Qu'est-ce qui se passe ?
M. COLIN. Un moment, je vais vous raconter. Voilà. Je faisais la queue devant la boulangerie. Il y avait un groupe de jeunes devant moi. Ils discutaient. Ils parlaient très fort.
EMMA. Ah oui, les jeunes parlent plus fort que les vieux...
M. COLIN. Attends ! Tu vas voir... Un autre jeune est arrivé. Un beau garçon, environ 23 ans.
EMMA. C'est pas vraiment un jeune !
M. COLIN. Il est passé devant moi dans la queue pour aller voir ses amis. J'ai protesté.
EMMA. Ce n'est pas grave.
M. COLIN. Attends ! Ce n'est pas le plus intéressant. Il m'a dit : « Je ne veux rien acheter, je parle avec mes amis, c'est tout ! » Et quand il est arrivé devant Nadia, il lui a acheté quelque chose !!
EMMA. Qu'est-ce qu'elle a fait, Nadia ?
M. COLIN. Rien, mais moi, j'étais très en colère !
Mme COLIN ET EMMA. Et alors ?
M. COLIN. Il est venu vers moi et il m'a donné une barre de chocolat. Et là, il m'a dit avec un grand sourire : « Pour effacer vos problèmes, monsieur. »

C'est le plus beau !
page 102
EMMA. Allô, Nadia, qu'est ce qui se passe ?
NADIA. Euh... Écoute, je vais te dire quelque chose. Mais c'est un secret. D'accord ?
EMMA. Oui, bien sûr !
NADIA. Ton père est venu à la boulangerie ce soir, il y avait la queue, et...
EMMA. Ah oui... Il nous a raconté son aventure. C'est tout ?

C'est ça ton secret ?
NADIA. Non, bien sûr. Il vous a parlé de Damien ?
EMMA. Damien ? Qui est-ce ?
NADIA. Le plus beau mec du quartier ! Et le plus sympa aussi ! Il a parlé à ton père !
EMMA. Ah lui ! Mais tu le connais ?
NADIA. Un peu... Il a un site sur Internet. Il explique tout !
EMMA. Comment ça, « tout » ? C'est quoi l'adresse ?
NADIA. L'adresse... Attends, c'est www.damiensacetrebo, comme ça se prononce,.fr. Tu vas tout comprendre !
EMMA. J'espère bien. Je te rappelle plus tard.

leçon 15 Qu'est-ce qu'on mange ?
page 105

PRONONCEZ
1. – Allô, Nadia, c'est Mathilde. Tu es à la boulangerie ?
– Oui, pourquoi ?
– Parce que je vais faire une recette, un dessert. Est-ce que tu as des chamallows ?
– Des chamallows ? Oui, ça s'appelle aussi de la guimauve, non ?
– Oui, c'est ça. Ce sont de gros bonbons roses ou blancs.
– Bien sûr, je connais. Attends une minute, je regarde... Oui, il en reste.
– Ça coûte combien ?
– C'est 3 euros 35 le paquet. Tu en veux combien ?
– Deux paquets. Je les prendrai cet après-midi... Tu as aussi des biscuits ?
– Qu'est-ce que tu fais comme recette ?
– C'est la recette du saucisson aux chamallows. C'est super bon ! C'est pour la réunion, demain. Tu viendras ? Et n'oublie pas mes chamallows !

Tu la trouves comment ?
page 106
A. LE JOURNALISTE. Aujourd'hui, nous sommes heureux d'inaugurer la fresque murale de la rue de la Mare. Damien, l'animateur du projet, va nous dire quelques mots.
DAMIEN. J'espère que ça va vous plaire. Nous avons beaucoup travaillé et nous sommes assez fiers du résultat. À vous de juger !
B. LE JOURNALISTE. Qu'en pensez-vous mademoiselle ?
NADIA. C'est simple et joli : un peu de bleu pour le ciel, beaucoup de jaune pour le soleil. Il n'y a pas de couleurs tristes. On en a déjà trop dans les rues. J'aime beaucoup !
C. LE JOURNALISTE. Et vous, madame ?
Mme NITOUCHE. Il y a beaucoup de couleurs, c'est gai. Je trouve que c'est beau. C'est mieux que les graffitis. Ça me plaît beaucoup !
D. LE JOURNALISTE. Et vous monsieur, cette fresque, vous la trouvez comment ?
UN RÂLEUR. Ça vous plaît, ça ? Je ne comprends pas pourquoi ! Moi, je n'aime pas du tout ! C'est trop abstrait. Voilà !

page 107
PRONONCEZ
1. a. résultat – **b.** j'espère – **c.** morceau – **d.** rue – **e.** girouette – **f.** fier – **g.** abstrait – **h.** verre – **i.** merci – **j.** dormir

delf cadre européen
page 108
Pas le temps de cuisiner ? Ce n'est pas une raison pour vous précipiter sur un affreux Maic Banal. Aujourd'hui, Radio Belleville vous propose deux recettes : le croque-monsieur et le croque-madame. Ici, on ne mange pas seulement des grenouilles et des escargots !!
On commence par le croque-madame.
Pour 4 personnes, voici la liste des ingrédients :

- 8 tranches de pain de mie
- 200 g de gruyère râpé
- 4 tranches de jambon
- 4 œufs
- 50 g de beurre.

Pour la préparation :

Vous beurrez les tranches de pain de mie.

Ensuite, sur une tranche de pain, vous superposez un peu de gruyère, du jambon, un peu de gruyère puis une tranche de pain.

Vous mettez les croque-madame au four chaud th. 7, 210 °, pendant 10 minutes.

Dans une poêle, vous faites cuire les œufs puis vous les déposez sur les croque-madame.

Vous pouvez servir.

Maintenant nous passons à la recette du croque-monsieur.

Pour 4 personnes, voici la liste des ingrédients :
- 8 tranches de pain
- 1 pot de crème épaisse
- 1 sachet de gruyère râpé (200 g)
- 6 tranches de jambon blanc
- sel, poivre.

Pour la préparation :

Vous mélangez dans un saladier la crème et le gruyère. Vous étalez ce mélange sur les tranches de pain. Puis, vous ajoutez le jambon, à nouveau une tranche de pain que vous recouvrez du mélange crème gruyère.

Vous mettez au four thermostat 7 pendant 20 min.

Bon appétit !

leçon 16   Comment ça marche ?
page 112

ANTOINE. Salut Damien, qu'est-ce que tu fais ?

DAMIEN. Eh bien, vous voyez, je vends des objets. Ils sont vieux, mais ils marchent toujours.

NADIA. Qu'est-ce que c'est, ça ? C'est très bizarre. Ça sert à quoi ?

DAMIEN. C'est une lampe. C'était à la mode il y a 30 ans.

ANTOINE. Mais c'est encore à la mode ! J'en ai vu dans un magasin la semaine dernière.

NADIA. Une lampe, c'est pas très utile, mais c'est joli. Comment ça fonctionne ?

ANTOINE. Tu la mets en marche en branchant la prise. Tu attends un peu. Tu verras, il y aura des bulles de couleur qui bougent. Pour éteindre, tu débranches. Ce truc qui ressemble à une maison... c'est pour quoi faire ? Pour décorer ?

DAMIEN. C'est utile, c'est un réveil ! Il fonctionne sans piles, en tournant le bouton, sans forcer. Quand il sonne, il y a un coq qui sort en chantant. Cocorico !!

ANTOINE. J'ai une idée, je vais l'acheter pour Emma. Elle se réveille toujours en retard.

NADIA. Moi, je prends la lampe. En rentrant chez moi, je l'allume tout de suite. Elle est lourde ?

DAMIEN. Non, elle est assez légère. Appelle-moi pour me dire si ça te plaît.

NADIA. Oui, bien sûr, à ce soir !

Page 113
PRONONCEZ

1. a. Qu'est-ce qu'on entend ? – **b.** Elle a vingt-cinq ou trente-cinq ans ? – **c.** C'est important, cet accident ? – **d.** Je suis en retard ou en avance ?

On y va dimanche
page 115
PRATIQUEZ

1. MME COLIN. C'est dimanche, qu'est-ce qu'on fait ?

ANTOINE. Moi, je reste ici. Je révise mes examens !

EMMA. Bonne excuse, toujours les examens !

M. COLIN. Laisse ton frère tranquille ! Les examens, c'est important !

MME COLIN. Il y a plusieurs possibilités : premièrement, on peut commander les croissants. Ils les livrent. Deuxièmement, on pourrait aller Au Café-Jeux faire une partie de cartes.

EMMA. Bof, c'est loin. Il faut prendre le bus.

M. COLIN. Mais non, on peut y aller à pied. C'est dans le 20e. On pourra prendre le métro pour rentrer.

EMMA. Je préfère aller voir un musée. Qu'est-ce qu'il y a comme musée ?

MME COLIN. Oh tiens, ça c'est intéressant ! Le musée de la Contrefaçon !

M. COLIN. C'est ouvert le dimanche ?

MME COLIN. Non ! On ne peut pas y aller. Attendez... il y a le musée de la Magie. C'est dans le 4e, métro Saint-Paul.

EMMA. Bastien m'a dit que c'est bien. On voit une machine qui coupe les gens en morceaux.

M. COLIN. Alors, si Bastien l'a dit...

EMMA. Super ! Je peux inviter une copine ?

PRONONCEZ

1. a. Je le sais.– **b.** Je ne sais pas. – **c.** Nous le voulons. – **d.** Il ne prend pas le métro.

leçon 17   Elle a beaucoup changé
page 116

EMMA. Tu sais, j'ai vu Damien hier. Il était avec une fille devant la piscine. Elle s'appelle Doriane.

NADIA. Ah oui ! Doriane ! Elle était dans ma classe l'année dernière. Elle portait toujours une casquette et des pulls très larges.

EMMA. Tu es sûre ? Elle a beaucoup changé alors ! La fille qui se promenait avec Damien était assez coquette.

NADIA. Ce n'est pas possible ! Tu t'es trompée. Doriane, c'est le genre jean et baskets.

EMMA. Elle était peut-être comme ça avant. Mais hier, elle portait une jolie robe à fleurs, des chaussures à talons. Ça lui allait très bien.

NADIA. Tu l'a trouvée très jolie ?

EMMA. Oui, elle est très féminine. Elle fait du sport, de la natation.

NADIA. Tu leur as parlé ?

EMMA. Oui, on a parlé de sport. Damien joue au basket avec Bastien et Doriane fait de la gym et de la natation.

NADIA. Et nous, quand est-ce qu'on change de look ?

page 117
PRONONCEZ

1. a. Elle était là l'été dernier. – **b.** Elle a été là cet été. – **c.** Elle a déménagé. – **d.** Elle déménageait. – **e.** Il a parlé de toi. – **f.** Il parlait de toi.

2. a. Je me lève très tôt. – **b.** Elle allait au cirque. – **c.** Elle est allée au cirque. – **d.** C'était l'été ! – **e.** Je me levais très tôt. – **f.** C'est l'été !

Emma cherche un job
page 118

ANTOINE. Tu as trouvé du travail pour l'été prochain ?

EMMA. J'ai téléphoné à Vacdalmo, mais c'était trop tard.

ANTOINE. Appelle à l'autre annonce, pour être animatrice à la montagne.

EMMA. D'accord, mais tu restes avec moi, tu vas m'aider... *(Elle téléphone.)*

Allô, bonjour madame, j'appelle pour l'annonce. Oui, je suis libre en juillet et en août... Oui... oui..

ANTOINE. Qu'est-ce qu'elle te demande ?

EMMA. Elle me demande si j'aime m'occuper des enfants. Oui madame, j'aime beaucoup les enfants. Oui, j'ai le BAFA. Je ne vous entends pas très bien... Pardon ? Vous pouvez répéter ?

ANTOINE. Qu'est-ce qu'elle dit ?

EMMA. Un instant, s'il vous plaît. Elle dit qu'elle attend la copie de mon BAFA. Je dois l'envoyer rapidement. Écoute Antoine, attends une minute, je te raconterai après ! D'accord madame, à bientôt.

ANTOINE. Alors, ça va marcher ?

EMMA. Heureusement ! Je suis vraiment contente de partir deux mois en Haute-Savoie.
Tu viendras me voir avec Nadia ?

page 119
PRONONCEZ

a. Et tu l'as, ce journal ? – b. C'était l'été dernier, à la plage. – c. Souffler n'est pas jouer. – d. Tu as déjà mangé de la barbe à papa ?

leçon 18 Damien a une copine !
page 120

NADIA. Regarde, ce n'est pas Damien qui arrive ?

EMMA. Si, il est avec Doriane. C'est sa nouvelle copine ?

NADIA. Malheureusement, oui !

DAMIEN. Bonjour les filles, j'ai des bonnes nouvelles à vous annoncer.

EMMA. Ah oui, qu'est-ce que c'est, tes bonnes nouvelles ?

DAMIEN. Dans 15 jours, on se fiance Doriane et moi, et dans un mois, on déménage.

EMMA. C'est super ! Vous allez faire une grande fête ?

DAMIEN. Oui, le mois prochain.

DORIANE. Bien sûr, vous êtes invitées. C'est le 4 juillet.

EMMA. Merci. Nous sommes contentes d'apprendre ça. À bientôt, alors.

Quelques instants plus tard.

NADIA. Je ne veux pas le croire ! Je suis déçue.

EMMA. Pauvre Nadia ! Ne pleure pas ! Ce n'est pas grave ! Il y en a d'autres, des beaux garçons !

On finit avec des chansons !
page 122

DAMIEN. Bravo Antoine, tu les as eus, ces examens !

M. COLIN. Félicitations, tu as bien travaillé.

ANTOINE. Heureusement. C'est enfin les vacances !

DORIANE. Qu'est-ce que tu fais pour les vacances ?

ANTOINE. Si c'est possible, je pars en Espagne. Si j'y vais, je parlerai mieux espagnol à la rentrée.

DAMIEN. Qui veut chanter une petite chanson ? Marcel ?

MARCEL. Euh, oui...Je vais essayer. La chanson « Madeleine » de Jacques Brel. Mais vous allez m'aider.

TOUS ENSEMBLE. D'accord Marcel, allez-y !

MARCEL *(lentement et d'une voix hésitante)*. Ce soir j'attends Madeleine,
j'ai apporté des lilas
je les apporte toutes les semaines
Madeleine, elle aime bien ça.
Ce soir, j'attends Madeleine
on prendra le tram 33
pour manger des frites chez Eugène
Madeleine, elle aime tant ça.

NADIA *(d'une voix plus sûre, rythme normal)*. Ce soir j'attends Madeleine,
on ira au cinéma
je lui dirai des « je t'aime »
Madeleine elle aime tant ça.

ANTOINE *(lentement, il s'ennuie)*. Ce soir, j'attends Madeleine
mais il pleut sur mes lilas,
il pleut, comme toutes les semaines
et Madeleine n'arrive pas.

EMMA *(rapidement et en colère)*. Ce soir, j'attendais Madeleine
mais j'ai jeté mes lilas,
je les ai jetés, comme toutes les semaines
Madeleine ne viendra pas.

TOUS ENSEMBLE. Bravo ! Super !

delf cadre européen
page 124

1. – Je suis à Bastille, je voudrais me rendre à la tour Eiffel, comment je peux y aller ?
– Pour aller à la tour Eiffel tu peux prendre le bus ou le métro.
Si tu prends le métro, tu prends la ligne 1, en direction de La Défense. Tu changes à la station Franklin-D.-Roosevelt. Là, tu prends la ligne 9 en direction de Pont-de-Sèvres. Tu descends à la station Trocadéro.
Tu peux prendre le bus si tu préfères, c'est plus long mais plus simple car il n'y a pas de changement. Tu prends le 87, rue de Lyon, et tu descends au terminus. Le bus passe toutes les 20 minutes. Tu as compris ?
– Oui, je pense que je vais prendre le bus car j'ai le temps.

2. Annonce 1 : En raison de grève, la station Nation sera fermée au public.
Annonce 2 : Bienvenue à bord du ferry. La traversée sera d'environ une heure.
Annonce 3 : Le train à destination de Bordeaux va entrer en gare. Une minute d'arrêt. Veuillez vous éloigner de la bordure du quai.
Annonce 4 : Le vol 737 pour Sydney est prêt pour l'embarquement.

N° d'éditeur: 10142417 - CGI - Mai 2007 - Imprimé en France par IME